Leben.Lieben.Arbeiten **SYSTEMISCH BERATEN**

Herausgegeben von
Jochen Schweitzer und
Arist von Schlippe

Jeannette Hartmann

Alleinerziehend

Systemisch gut beraten

Mit einem Vorwort von Arist von Schlippe

Vandenhoeck & Ruprecht

Mit einer Tabelle und 9 Abbildungen

Bibliografische Information der Deutschen Nationalbibliothek:
Die Deutsche Nationalbibliothek verzeichnet diese Publikation in der
Deutschen Nationalbibliografie; detaillierte bibliografische Daten sind
im Internet über https://dnb.de abrufbar.

© 2022 Vandenhoeck & Ruprecht, Theaterstraße 13, D-37073 Göttingen,
ein Imprint der Brill-Gruppe
(Koninklijke Brill NV, Leiden, Niederlande; Brill USA Inc., Boston MA, USA;
Brill Asia Pte Ltd, Singapore; Brill Deutschland GmbH, Paderborn, Deutschland;
Brill Österreich GmbH, Wien, Österreich)
Koninklijke Brill NV umfasst die Imprints Brill, Brill Nijhoff, Brill Hotei,
Brill Schöningh, Brill Fink, Brill mentis, Vandenhoeck & Ruprecht, Böhlau,
Verlag Antike und V&R unipress.

Alle Rechte vorbehalten. Das Werk und seine Teile sind urheberrechtlich
geschützt. Jede Verwertung in anderen als den gesetzlich zugelassenen Fällen
bedarf der vorherigen schriftlichen Einwilligung des Verlages.

Umschlagabbildung: © shutterstock.com/Ppictures

Satz: SchwabScantechnik, Göttingen
Druck und Bindung: ⊕ Hubert & Co. BuchPartner, Göttingen
Printed in the EU

Vandenhoeck & Ruprecht Verlage | www.vandenhoeck-ruprecht-verlage.com

ISSN 2625-6088
ISBN 978-3-525-40799-8

Inhalt

Zu dieser Buchreihe 7
Vorwort Arist von Schlippe 9
Eine komplexe Lebensform 12

I Der Kontext
1 Zu Beginn 16
   1.1 Lebensform oder Lebensphase 16
   1.2 Lebensgefühl 18
   1.3 Etwas Statistik 21
2 Herausforderungen im Alltag 23
● Fallbeispiel: Bei Frau W. kommt gerade alles zusammen 23
   2.1 Die äußeren Umstände 28
   2.2 Die inneren Zustände 34
3 Bezugspersonen und soziales Umfeld 37
   3.1 Der Umgang mit dem anderen Elternteil 38
   3.2 Perspektivische Besonderheiten 41

II Systemische Beratung
4 Alleinerziehende Eltern in der systemischen Beratung 52
   4.1 Themen alleinerziehender Eltern 52
● Fallbeispiel: Frau M wächst in die Elternrolle hinein 62
   4.2 Methoden und Haltungen 65
● Fallbeispiel und Übung: Frau O. legt ihr Gepäck ab 77
   4.3 Besondere Aspekte spezifischer Situationen 80
● Fallbeispiel: Herr S. möchte es besser machen als sein Vater ... 83
● Fallbeispiel: Herr A. und die neue Familiensituation 87

4.4 Transformation hemmender und belastender
Glaubenssätze und Familienregeln 88
● Fallbeispiel: Frau K. bettelt nicht, sie bittet um Hilfe 90

III Zum Schluss

5 Fazit 96
6 Literatur 98
7 Hilfreiche Links 102
8 Die Autorin 103

Zu dieser Buchreihe

Die Reihe »Leben. Lieben. Arbeiten: systemisch beraten« befasst sich mit Herausforderungen menschlicher Existenz und deren Bewältigung. In ihr geht es um Themen, an denen Menschen wachsen oder zerbrechen, zueinanderfinden oder sich entzweien und bei denen Menschen sich gegenseitig unterstützen oder einander das Leben schwer machen können. Manche dieser Herausforderungen (Leben.) haben mit unserer biologischen Existenz, unserem gelebten Leben zu tun, mit Geburt und Tod, Krankheit und Gesundheit, Schicksal und Lebensführung. Andere (Lieben.) haben mit unseren intimen Beziehungen zu tun, mit deren Anfang und deren Ende, mit Liebe und Hass, mit Fürsorge und Vernachlässigung, mit Bindung und Freiheit. Wiederum andere Herausforderungen (Arbeiten.) behandeln planvolle Tätigkeiten, zumeist in Organisationen, wo es um Erwerbsarbeit und ehrenamtliche Arbeit geht, um Struktur und Chaos, um Aufstieg und Abstieg, um Freud und Leid menschlicher Zusammenarbeit in ihren vielen Facetten.

Die Bände dieser Reihe beleuchten anschaulich und kompakt derartige ausgewählte Kontexte, in denen systemische Praxis hilfreich ist. Sie richten sich an Personen, die in ihrer Beratungstätigkeit mit jeweils spezifischen Herausforderungen konfrontiert sind, können aber auch für Betroffene hilfreich sein. Sie bieten Mittel zum Verständnis von Kontexten und geben Werkzeuge zu deren Bearbeitung an die Hand. Sie sind knapp, klar und gut verständlich geschrieben, allgemeine Überlegungen werden mit konkreten Fallbeispielen veranschaulicht und mögliche Wege »vom Problem zu Lösungswegen« werden skizziert. Auf unter 100 Buchseiten, mit etwas Glück an einem langen Abend oder einem kurzen Wochenende zu lesen, bieten sie zu dem jeweiligen lebensweltlichen Thema einen schnellen Überblick.

Die Buchreihe schließt an unsere Lehrbücher der systemischen Therapie und Beratung an. Unsere Bücher zum systemischen »Grundlagenwissen« (1996/2012) und zum »störungsspezifischen Wissen« (2006) fanden und finden weiterhin einen großen Leserkreis. Die aktuelle Reihe erkundet nun das »kontextspezifische Wissen« der systemischen Beratung. Es passt zu der unendlichen Vielfalt möglicher Kontexte, in denen sich »Leben. Lieben. Arbeiten« vollzieht, dass hier praxisbezogene kritische Analysen gesellschaftlicher Rahmenbedingungen ebenso willkommen sind wie Anregungen für individuelle und für kollektive Lösungswege. Um klinisch relevante Störungen, um systemische Theoriekonzepte und um spezifische beraterische Techniken geht es in diesen Bänden (nur) insoweit, als sie zum Verständnis und zur Bearbeitung der jeweiligen Herausforderungen bedeutsam sind.

Wir laden Sie als Leserin und Leser ein, uns bei diesen Exkursionen zu begleiten.

Jochen Schweitzer und Arist von Schlippe

Vorwort Arist von Schlippe

Wir leben in einer Zeit der Pluralisierung familiärer und nichtfamiliärer Lebensformen. Über lange Zeit setzte das Modell der Kernfamilie – von zwei miteinander verheirateten Eltern gegründet und gehalten – den Standard dafür, wie das private soziale Leben und das Aufwachsen von Kindern organisiert sein sollte, zumindest in unserer Kultur. Dieses Bild ist in der Absolutheit nicht mehr haltbar, das Muster der bürgerlichen Familie wurde »de-institutionalisiert«. Der von ihr gesetzte prägende Rahmen war ja immer auch mit einer einengenden Norm verbunden gewesen, gerade für die Personen, die in das Raster nicht hineinpassten. So ist der Rahmen des Akzeptierten deutlich weiter geworden. Längst ist es schon kein Thema mehr, wenn ein Paar »ohne Trauschein« sich entschließt, zusammenzuleben und Kinder zu bekommen. Mit der zunehmenden Akzeptanz gleichgeschlechtlicher Beziehungen und alternativer Formen des Zusammenlebens, die immer auch die Möglichkeit mit einschließen, Kinder großzuziehen, bietet sich in der Gegenwart eine nie dagewesene Liberalität in der Akzeptanz diverser Lebensformen dar.

In dieser Vielfalt haben auch alleinerziehende Elternteile, weitaus häufiger Mütter als Väter, ihren Platz. Der kritische Blick früherer Jahrzehnte, mit dem einer unehelichen Mutter oder einem geschiedenen Paar begegnet wurde, ist glücklicherweise weitgehend verschwunden, ja Trennungen und Scheidungen werden zunehmend zu einem normativen, sprich: zu einem zu erwartenden Lebensereignis.

Das heißt aber nun nicht, dass es einfach wäre, als Alleinerziehende oder Alleinerziehender zu leben. Wie das vorliegende Buch deutlich macht, sind die Betroffenen Mütter und Väter »Meister der Alltagsbewältigung«, müssen sie doch die Aufgaben, die sich Eltern sonst teilen, ohne Hilfe erledigen. Viele dieser Eltern haben sich zudem nicht freiwillig zu dieser Art des Lebens entschieden, bei ihnen kommt noch etwas hinzu: wer sich nach einer Trennung allein mit Kind oder Kindern sieht, muss damit fertig werden, dass ein geplanter Lebensentwurf nicht geglückt ist – und wie auch immer, ob Erleichterung, Schmerz, Schuldgefühle o. Ä. überwiegen, es erfordert Kraft, mit den hier aufkommenden Emotionen umzugehen. Außerdem hat man es ja auch mit den Kindern und mit ihren Gefühlen und Verarbeitungsmechanismen zu tun. Anders, aber nicht weniger emotional ist es, wenn der Tod des Partners oder der Partnerin das Alleinsein verursachte und man mit der eigenen Trauer und derjenigen der Kinder umgehen muss. All das erfordert Zeit, und mit der Zeit – ein schönes Bild, das die Autorin dieses Buchs findet, ist es wie »mit einer zu kleinen Bettdecke, irgendetwas schaut immer heraus«. Meist haben sich durch Trennungen auch die sozialen Freundschaftsnetzwerke, in denen man sich bewegt, verändert, es gilt neue Freunde zu finden, Wege aus der Isolation und Vereinsamung heraus zu finden. Und schließlich, last not least, steht je nach Lebensalter vielleicht auch die Suche nach einer neuen Partnerschaft vor Augen – dafür braucht es Zeit, Energie, Aufmerksamkeit und Fingerspitzengefühl: man ist ja nicht mehr allein, was kann man dem Kind hier zumuten, was geht einfach nicht?

Es sind komplexe und vielfältige Herausforderungen, die sich aus den sehr unterschiedlichen Formen ergeben können, wie jemand zur/zum »Alleinerziehenden« wurde. Entsprechend komplex sind die Anforderungen an Menschen, die sich in einer solchen Lage als Helferinnen oder Helfer anbieten möchten. Und genau für diese

Situation wurde dieses Buch geschrieben. Die vielen Facetten, die in Beratungskontexten hier zu bedenken sind, werden sorgfältig angeschaut. Immer geht es um den beraterischen Mehrklang von einfühlendem Verstehen, dem Nachvollziehen dessen, was die gegenwärtige Lage schwierig macht, dem Aufspüren von Ressourcen und der aktiven Unterstützung in der Alltagsbewältigung.

In diesem Buch schreibt eine erfahrene Paar- und Familienberaterin. Sie weiß aus eigener Erfahrung, worum es geht. Es ist die Mischung aus persönlichen Erfahrungen, großem Engagement und hoher fachlicher Expertise, die diesem Buch eine besondere Überzeugungskraft verleiht. Ich bin sicher, dass die Lektüre für Betroffene wie für fachlich interessierte Leserinnen und Leser ein Gewinn sein wird.

Arist von Schlippe

Eine komplexe Lebensform

In diesem Buch soll es um Eltern gehen, die nicht in einer Ehe oder einer Lebensgemeinschaft mit dem anderen Elternteil ihrer Kinder leben. Häufig werden sie als Alleinerziehende, alleinlebende Eltern mit Kindern oder Single-Eltern mit Kind(-ern) bezeichnet. Doch die Begrifflichkeiten sind irreführend, da sie einige Sachverhalte vereinfachen. Die am häufigsten gewählte Familienform, um Kinder groß zu ziehen, ist zwar nach wie vor die eheliche Paarfamilie, jedoch sind die Zahlen seit Jahren schon rückläufig (Statistisches Bundesamt, 2018, S. 6). Menschen sind nicht mehr zwingend verheiratet, wenn sie eine Familie gründen, sie leben
- in nichtehelichen Partnerschaften,
- in Haus-, Hof- oder Lebensgemeinschaften und Wohnprojekten,
- in Mehrgenerationenhaushalten,
- als alleinlebende Elternteile, häufig in gemeinsamer Elternschaft mit dem anderen Elternteil oder bewusst als Single alleinerziehend mit oder ohne Co-Elternschaft,
- in neu zusammengesetzten Patchworkfamilien oder
- mit neuen Partner:innen mit getrenntem Wohnsitz.

Oft gibt es auch komplexe Kombinationen der verschiedenen Konstellationen. Die Variante des alleinlebenden Elternteils mit Kindern ist nur eine von verschiedenen Familienformen jenseits der ehelichen Kernfamilie. Es stellt sich die Frage, ob der Begriff alleinerziehend passend ist und auch, ob man überhaupt von einer Familienform (und nicht eher einer Lebensphase) reden sollte. Verwendung findet der Begriff Alleinerziehende vor allem im institutionellen und wissenschaftlichen Kontext. Viele Studien und statistische Erhebungen, so auch der Mikrozensus (die größte jährliche amtliche Haushaltsbefragung in Deutschland) unterteilen in Familien mit alleinerziehendem Elternteil und Paarfamilien, an anderer Stelle in alleinerziehende Eltern, verheiratete Elternteile und Elternteile in Lebenspartnerschaften. Alleinlebende Eltern definieren sich häufig selbst nicht als alleinerziehend, vor allem wenn sie in neuen Partnerschaften sind (Bundesministerium für Familie, Senioren, Frauen und Jugend – BMFSJS, 2011, S. 7). Ausschlaggebend dafür, ob sich ein Elternteil als alleinerziehend wahrnimmt, ist viel eher, inwieweit er oder sie das Gefühl hat, dass die Verantwortung für Betreuung, Versorgung und Förderung der Kinder einzig bei ihm oder ihr allein liegt (oder eben gemeinsam mit anderen getragen wird). Dies fällt nicht zwingend mit der Lebens- und Wohnsituation zusammen. So kommen auch Familienkonstellationen vor, die nicht als alleinerziehend im o. g. Sinne verstanden werden, aber sehr ähnlich sind. In vielen zusammengesetzten Familien (Patchworkfamilien) tragen die Eltern Verantwortung für die eigenen, in die Beziehung eingebrachten, Kinder größtenteils allein. Gerade bei größeren Patchworksystemen mit vielen Kindern kann gelten: Jeder ist für seine eigenen Kinder selbst verantwortlich. Will man sich mit dem Leben von alleinlebenden Eltern mit Kindern beschäftigen, braucht es also einen tieferen Blick auf die Lebensumstände. Der Praktikabilität halber werden dennoch die Begriffe alleinerziehend oder Alleinerziehende in diesem Buch verwendet mit der Idee, die unterschiedlichen möglichen Lebenskontexte jeweils mitzudenken[1].

---

1 Auch im Sinne einer gendersensiblen Sprache verwende ich, wo möglich die :-Konstruktion (Partner:innen). Um gleichzeitig einer guten Lesbarkeit genüge zu tun, nutze ich eine alternierende Schreibweise an anderen Stellen. So gibt es Therapeuten, Unterstützerinnen, Nachbarn und Freundinnen und einmal handelt es sich um einen Klienten, dann um eine Klientin. Die Leser:innen sind dazu eingeladen diesen Wechsel mitzuvollziehen.

I

Der Kontext

1 Zu Beginn

Der erste Teil dieses Buches schildert den Kontext, in dem sich alleinerziehende Eltern oftmals befinden. Im ersten Kapitel wird die grundlegende Situation Alleinerziehender erläutert und mit Statistiken unterfüttert.

1.1 Lebensform oder Lebensphase

Der Anteil von Frauen, die sich bewusst zu einer alleinerziehenden Elternschaft entschließen und diese als Lebensform wählen, ist nach wie vor gering und wird statistisch nicht gesondert erfasst. Nach einer US-amerikanischen Studie sind es vor allem ältere, gebildete, heterosexuelle Frauen, die ihren Wunsch nach Elternschaft mit einem Partner bis dahin nicht erfüllen konnten oder wollten oder auch Single-Frauen aus dem LGBT[2]-Kontext (Glockentöger, 2020, S. 137). Für die meisten alleinerziehenden Eltern stellte diese Lebenskonstellation zuvor keinen dezidierten Plan dar. Die Paarbeziehung (mit oder ohne Kinder) ist nach wie vor das am weitesten verbreitete Lebensmodell in unserer Gesellschaft, besonders aber für das Großziehen von Kindern (Statistisches Bundesamt, 2021, S. 4). Da verwundert es nicht, dass die meisten Eltern, die durch Trennung alleinerziehend wurden, eine neue Partnerschaft anstreben oder bereits einen Partner oder eine Partnerin haben. Nach Untersuchungen des Bundesministeriums für Familie, Senioren, Frauen und Jugend (BMFSFJ)

---

2 LGBT ist eine aus dem englischen Sprachraum übernommene Abkürzung für Lesbian, Gay, Bisexual and Transgender (lesbisch, schwul, bisexuell und transgender) LGBT als Kurzform für Geschlechter, Geschlechtsidentitäten und sexuelle Orientierungen durchgesetzt, die von zweigeschlechtlichen und heterosexuellen Normen abweichen.

lebte nach drei Jahren ein Viertel der zum ersten Erhebungspunkt alleinerziehenden Frauen und Männer bereits wieder in einer neuen Partnerschaft, nach fünf Jahren die Hälfte (2012, S. 11). Gerade jüngere Frauen nehmen das Alleinleben mit Kind nur als Übergangsphase wahr, eine neue Partnerschaft wird als sehr wahrscheinlich antizipiert. Ein nicht zu unterschätzender Teil bleibt aber bis zum Auszug des jüngsten Kindes aus dem elterlichen Haushalt alleinlebend mit Kind. Dies kann verschiedene Gründe haben:

- Sie haben neue Lebenspartner:innen, leben aber nicht mit ihnen zusammen. Einer oder beide möchten keine Lebensgemeinschaft eingehen, in der die neue Partnerin auch familiäre Verpflichtungen und Rollen übernimmt.
- Sie sind nicht offen für eine neue Partnerschaft, zum Beispiel nach sehr unangenehmen Beziehungserfahrungen und einem langwierigen Herauslösen aus konflikthaften Beziehungen, manchmal auch nach Versterben der Lebenspartnerin oder fürchten, dass eine neue Partnerschaft der Entwicklung der Kinder schaden könnte.
- Sie würden gern wieder in einer Paarbeziehung leben, jedoch fällt es ihnen schwer, neue Partner:innen zu finden (Limmer, 2004, S. 28). Das Alleinleben mit Kind wird als vorübergehende Phase mit gewünschter, aber nicht so leicht realisierbarer Beendigung erlebt.

Die Lebenskonstellationen sind dynamisch und flexibel und können über die Zeit des Aufwachsens der Kinder auch mehrfach wechseln. So kann einerseits aus einer Lebensform schnell eine andere werden, auch wenn dies anders gedacht war. Andererseits kann es auch passieren, dass über die Jahre aus einem als Übergangsphase begriffenem Alleinerziehend-Sein unfreiwillig eine andauernde Lebensform wird.

1.2 Lebensgefühl

Das Leben von alleinerziehenden Eltern ist nach wie vor nicht frei von Benachteiligungen und Vorverurteilungen aufgrund ihres Lebensstatus, auch wenn sich durch gesellschaftliche Wandlungsprozesse schon einiges verbessert hat. In einer groß angelegten Studie, die das Erleben von alleinerziehenden Müttern erforschte, gab fast jede der Teilnehmerinnen an, schon einmal Vorverurteilungen oder Benachteiligungen erlebt zu haben, besonders bei der Suche nach einem Arbeitsplatz. Häufig nahmen sie eine latente Unterstellung von mangelnder Belastbarkeit und Flexibilität, aber auch von Bedürftigkeit und Beziehungsunfähigkeit wahr (BMSFSJ, 2011, S. 7). Die gesellschaftlich vorherrschenden Kulturauffassungen, zum Beispiel die soziale Norm bezüglich eines Lebens mit Kindern, hat einen wichtigen Einfluss auf die Lebenszufriedenheit alleinerziehender Eltern. Dabei spielt es auch eine Rolle, wie sie in den Medien dargestellt werden. Alleinerziehenden Eltern geht es in liberalisierten Gesellschaften, in denen der Glaube, dass Kinder nur mit beiden Eltern glücklich aufwachsen können, weniger verbreitet ist, deutlich besser als in eher konservativen Gesellschaften. Ihre Lebenszufriedenheit unterscheidet sich dort wenig bis gar nicht von Eltern in Paarbeziehungen, dies gilt sowohl für alleinerziehende Mütter als auch für alleinerziehende Väter (WirEltern, 2020). Deutschland liegt allerdings nicht im Feld der liberalsten Staaten (wie Dänemark, Norwegen oder die Niederlande), sondern eher im Mittelfeld (Stavrova u. Fetchenhauer, 2014). Dennoch scheint es den meisten alleinerziehenden Eltern recht gut zu gehen, besonders wenn die Übergangsphase aus einer anderen Lebenskonstellation geschafft worden ist. Die Anforderungen des Alltags werden als positive Herausforderungen angenommen. Neue Verantwortungsbereiche (die vielleicht vorher vom Partner übernommen wurden) müssen übernommen, schwierige Alltagssituationen selbst gelöst und flexibel gemeistert werden. Alleinerziehende Elternteile entwickeln dadurch häufig eine hohe Eigenständigkeit, Selbstvertrauen, Zukunftsoptimismus und Zuversicht. Belastungserleben bezieht sich meist auf ökonomische Parameter, auf Einkommen, Absicherung im Alter, Rücklagen für notwendige größere Anschaffungen und auf die Inkompatibilität von Betreuungszeiten für die Kinder und den Arbeitszeiten (BMSFSJ, 2012, S. 8 ff.). Dies ist vor allem stark ausgeprägt, wenn die Kinder noch klein sind und der Betreuungsaufwand hoch ist.

Es scheint bei alleinerziehenden Müttern verschiedene Typen der Bewältigung und Bewertung ihrer Lebenssituation zu geben, abhängig davon, wie sie ihre Lage bewerten, gegenüber den anderen Elternteilen und potentiellen neuen Partner:innen eingestellt sind und auf welche sozialen und materiellen Ressourcen sie zurückgreifen. Tabelle 1 zeigt einen Überblick über die verschiedenen Bewältigungstypen (BMFSFJ 2012, S. 13).

Tabelle 1: Mentalitätsmuster alleinerziehender Mütter. Quelle: BMFSFJ, 2012, S. 13

Typ	Die partnerschaftsorientierten Perfektionistinnen	Die flexiblen Pragmatikerinnen	Die souveränen Realistinnen
Alter und Kinder	Überwiegend jüngere Frauen; Kinder noch klein	Jüngere Mütter und Mütter mittleren Alters; Kinder im Kindergartenalter	Ältere Mütter und Mütter mittleren Alters; häufig bereits größere Kinder
Lebenssituation	Trennungsphase abgeschlossen, aber noch nicht lange zurück	Trennung schon länger vorbei	Trennung schon länger vorbei
Alltagssituation	Es besteht der Anspruch, die vielfältigen Alltagsanforderungen miteinander zu vereinbaren; Verantwortung wird überwiegend selbst übernommen	Auf die alltäglichen Anforderungen wird flexibel reagiert; Entscheidungen erfolgen nach pragmatischen Aspekten	Hohe Eigenständigkeit, die als Errungenschaft empfunden wird; Selbstverwirklichung durch Verantwortungsübernahme und persönliche Weiterentwicklung

Typ	Die partnerschaftsorientierten Perfektionistinnen	Die flexiblen Pragmatikerinnen	Die souveränen Realistinnen
Erwerbstätigkeit	Vorübergehende Arrangements, die nicht als optimal betrachtet werden; Verbesserung erwünscht	Überwiegend zufrieden mit den Arbeitsbedingungen	Große Zufriedenheit mit Arbeitssituation
Partnerschaft	Ausgeprägte Hoffnung auf neue Partnerschaft	Interesse an neuer Partnerschaft; Offenheit für verschiedene Formen der Verantwortungsverteilung	Wenig Ambitionen hinsichtlich einer neuen Partnerschaft; falls neuer Partner, dann nicht als Vater der Kinder
Soziales Netzwerk	Nicht stark ausgeprägt; wenig Zeit für eigene Interessen	Gutes soziales Netzwerk mit Familie und Freunden	Sehr gutes, heterogenes soziales Netzwerk
Bewertung der Situation des Alleinerziehens	Situation ist kein Wunschzustand, wird nicht als langfristig oder endgültig angesehen; starker Wunsch nach einer »vollständigen« Familie	Die Mütter haben sich mit ihrer Lebenssituation gut arrangiert; es besteht Offenheit für Veränderungen; trotz aller Unterstützung von außen werden wesentliche Entscheidungen allein getroffen	Alleinerziehen als Teil des Selbstkonzepts; Selbstbewusstsein und Stolz

Vom Lebensgefühl alleinerziehender Väter weiß man viel weniger. Sie nehmen einerseits weniger Hilfe an, wollen ihre Lebenssituation eher allein bewältigen (Limmer 2004, S. 35), bemühen sich andererseits auch aktiver um eine neue Partnerschaft. Die neuen Lebenspartner:innen übernehmen häufig schnell familiäre Verantwortung für die Kinder und den Haushalt mit und entlasten dadurch die alleinerziehenden Väter – eine Strategie, die Sinn macht und andersherum leider nicht so gut funktioniert (Limmer, 2004, S. 30).

Wie es ihnen in ihrer Rolle ergeht, welche Sorgen sie haben, woraus sie Kraft ziehen und wie sie die Bewertung durch die Gesellschaft erleben, wären spannende Fragen vor dem Hintergrund, dass Väter langsam, aber stetig in die vormals hauptsächlich weiblich besetzten Familienrollen hineinwachsen.

1.3 Etwas Statistik

Alleinerziehende Elternteile sind in Deutschland häufig Gegenstand der Forschung. Zum einen gehört die Lebensform der Alleinerziehenden zu den am weitesten verbreiteten Familienvarianten, zum anderen stehen alleinerziehende Eltern häufig im Fokus, wenn es um strukturelle Unterstützung für Familien – in Form von Kinderbetreuung und unterstützenden Transferleitungen – und um die Förderung von Vereinbarkeit von Familie und Beruf geht, weil man um Risiken wie Mehrfachbelastung und höhere Armuts- wie Gesundheitsgefährdung weiß. Neben Erhebungen zur aktuellen Lebenssituation von Familien und damit auch Einelternfamilien, die vor allem sozio-demographische Daten zum Erhebungszeitpunkt abbilden, gibt es auch Untersuchungen zum Lebensgefühl und zur Lebenszufriedenheit alleinerziehender Eltern, zu ihrer Gesundheit und ihrem Gesundheitsverhalten und zum Erleben von Kindern alleinerziehender Eltern. In Deutschland leben 8,2 Millionen Familien mit Kindern, von denen mindestens eines noch nicht volljährig ist. In knapp 20 % dieser Familien leben die Kinder nur mit einem Elternteil zusammen (Statistisches Bundesamt, 2018, S. 7). Diese etwa 1,5 Millionen alleinlebenden Elternteile werden vor allem im institutionellen Kontext und bei wissenschaftlichen Untersuchungen als Alleinerziehende bezeichnet.

Regelmäßig werden sozio-demographische Daten zu den einzelnen Familienformen erhoben. Dadurch gibt es eine stabile, gut über die Jahre vergleichbare Datenbasis. Aus dieser lässt sich auch ablesen, dass die Zahl der Familien mit Kindern, bei denen die Eltern miteinander verheiratet sind, über die Jahre hinweg leicht rückläufig ist, die Anzahl der Lebenspartnerschaften steigt, während die Anzahl der Alleinerziehenden etwa gleichbleibt (Statistisches Bundesamt, 2020, S. 4). Hier wird der demographische Wandel, in diesem Falle die Rückläufigkeit der Ehe als Hauptlebensform für das Aufziehen von Kindern hin zu anderen Familienformen, sichtbar. Allerdings erfasst der Mikrozensus (statistische Datenerhebung des Bundes) nur drei Familienformen für ein Leben mit Kindern: verheiratete Eltern mit Kindern, Eltern in Lebensgemeinschaften mit Kindern und alleinerziehende Eltern mit Kindern (oder Einelternfamilien). Die Pluralität moderner Familienformen wird hier weniger gut abgebildet. Familien jenseits der Paarfamilie, die als alleinerziehende Eltern erfasst werden, scheinen eher in großen Städten mit mehr als 500 000 Einwohnern zu leben. Hier beträgt ihr Anteil an allen Familien mit Kindern ca. 23 %; im ländlichen Raum und in Ortschaften mit unter 5000 Einwohnern nur ca. 15 % (Statistisches Bundesamt, 2018, S. 10).

Fast 90 % der allein mit Kindern lebenden Eltern sind Frauen, der Anteil der alleinerziehenden Väter liegt bei 10–13 % (Statistisches Bundesamt Destatis, 2018, S. 8). An dieser Verteilung hat sich über die letzten Jahre nichts verändert. Es wäre zu erwarten gewesen, dass nach der Veränderung des Familienrechts im Jahre 2013, welches die gemeinsame Elternsorge fördert und damit nach einer Trennung beiden Elternteilen die gleichen Rechte für die Ausübung der elterlichen Sorge und der Erziehung und Betreuung der Kinder zuspricht, die Zahl der alleinerziehenden Väter ansteigen würde. Doch es blieben und bleiben vor allem Frauen, welche den Großteil der alleinerziehenden Eltern stellen. Traditionelle Rollenerwartungen haben nach wie vor einen starken Einfluss auf die Ausgestaltung des Lebens in einer Familie. Vor allem die Verantwortung für kleine Kinder fällt augenscheinlich in einem viel stärkeren Ausmaß in den Verantwortungsbereich der Mütter. Von ihnen leben 30 % mit Kindern, von denen mindestens eines noch unter 6 Jahren alt ist, bei den Vätern liegt dieser Anteil bei lediglich 14 % (Statistisches Bundesamt, 2018, S. 15).

2 Herausforderungen im Alltag

Im zweiten Kapitel geht es um die An- und Herausforderungen an alleinerziehende Elternteile. Dazu gehören die äußeren Rahmenbedingungen (Zeit/Geld/Erwerbstätigkeit), wie die inneren Zustände, die Gefühlswelt und verschiedene Belastungsthemen.

Fallbeispiel: Bei Frau W. kommt gerade alles zusammen
Frau W lebt mit ihren jetzt 12- und 8-jährigen Söhnen Lukas und Leon seit vier Jahren allein. Damals hatte sich der Vater der Kinder von ihr getrennt, weil er sich neu verliebt hatte. Sie waren vorher 15 Jahre zusammen gewesen, seit der Schulzeit. Frau W. hatte anfangs große Probleme mit der Trennung, obwohl sie selbst in der Partnerschaft schon eine Weile nicht mehr glücklich gewesen war. Den Kindern zuliebe wäre sie gern mit ihrem Mann zusammengeblieben, sie glaubte daran, dass es möglich sei, sich als Eltern für die Kinder zusammenzuraufen und war damals verärgert gewesen, dass ihr Mann dazu nicht bereit war. Im Nachhinein meint sie, dass sie wohl nicht unbedingt ihrem Mann hinterhergetrauert hätte, sondern eher einer Idee der heilen Familie. Mit Hilfe ihrer Schwester und einiger Freundinnen konnte sie die ersten schwierigen Monate allein mit zwei Kindern gut bewältigen. Da sie vorher im Handel in Schichten tätig war, gab sie ihre Arbeit erst einmal auf und lebte von staatlicher Unterstützung. Sobald sie sich mit ihrer Situation einigermaßen arrangiert hätte, würde sie sich nach einer Teilzeitstelle im

Handel umschauen, die einigermaßen mit ihrer neuen Lebenssituation vereinbar wäre, so lautete ihr Plan. Glücklicherweise konnte sie in ihrer Wohnung bleiben und auch die Kids besuchten weiterhin die gleiche Kindertagesstätte (Kita) und Grundschule.

Nach ein, zwei Jahren hatte sich ihr Leben stabilisiert, Frau W. hatte eine Teilzeitstelle mit relativ verträglichen Arbeitszeiten gefunden. Sie arbeitete nun 20 Stunden in der Woche in einem Einkaufscenter, ihr jüngerer Sohn konnten bis 17.00 Uhr im Schulhort bleiben, der ältere ging nach der Schule und dem Schulmittagsessen heim, ihre Schwester übernahm einmal die Woche die Kinderbetreuung, wenn sie Spätschicht hatte und erst um 21.00 Uhr zu Hause sein konnte. Wenn die Kinder zum Vater gingen (meist zwei Wochenenden im Monat) legte sie eine Samstagsschicht ein. An zwei Tagen in der Woche hatte sie frei und damit Zeit für den Haushalt und ihren geliebten Garten. Leider verdiente sie so wenig, dass das Geld nur gerade so zum Leben reichte. Sie bekam zusätzliche Leistungen vom Jobcenter und Kinderzuschläge. Gern hätte sie mehr gearbeitet, dazu hätte sie aber mehr und verlässlichere Hilfe vom Vater der Kinder gebraucht, da mehr zu arbeiten in der Handelsbranche immer bedeutet, mehr Spätschichten und mehr Wochenenddienste wahrnehmen zu müssen.

Mit dem Vater von Lukas und Leon gab es in letzter Zeit allerdings vermehrt Probleme. Er erwartete mit seiner neuen Frau bald ein Baby und sagte schon seit einer Weile häufig spontan die Umgangswochenenden ab. Frau W. hatte dann große Not, ihre Samstagsschicht zu organisieren. Ihre Chefin hatte ihr signalisiert, dass sie Frau W. schon mit den Arbeitszeiten weit entgegengekommen wäre, mehr ginge nun wirklich nicht. Ihre Schwester konnte auch nicht immer einspringen – sie arbeitete ebenfalls oft an Samstagen. Ihre beiden Freundinnen, ebenfalls alleinerziehend, steckten selbst im Familien-Überlastungs-Chaos und brauchten für solche Freundschaftsdienste zeitlich mehr Vorlauf. So kam es, dass sie manchmal samstags die Kinder für fast sechs Stunden zu Hause alleinließ. Sie hatte dabei ein sehr schlechtes Gewissen und immer Angst, dass irgendetwas passieren könnte.

Aber auch wenn die Umgangswochenenden beim Vater stattfanden, kamen die Jungs oft mit schlechter Laune zurück. Die nächsten zwei Tage verliefen oft noch gereizt, vor allem der Ältere wurde schnell wütend. So sehr sich die Mutter auch bemühte, Lukas wollte ihr nicht erzählen, was ihn beschäftigte. Leon, der jüngere, ließ sich nicht so viel anmerken, aber Frau W. fiel auf, dass er immer sehr viel aß und immer rundlicher wurde. Sie machte sich Sorgen, versuchte mehrmals mit dem Vater der Kinder über ihre Beobachtungen zu reden. Der aber tat verwundert, ihm sei nichts Außergewöhnliches an den Kindern aufgefallen, oder er schimpfte über die Jungs, über ihr Benehmen oder ihre schlechten Schulleistungen.

Als sie ihn mit der Bitte um Mitfinanzierung darauf ansprach, dass nun bei beiden Kindern die Klassenfahrten anstünden und Leon eine neue Brille bräuchte, teilte er ihr mit, dass er das Geld nicht hätte, er müsse jetzt erst einmal für seine neue Familie sorgen. Dies schockierte sie sehr, ihr kam es vor, als würde sich der Vater aus der Verantwortung für seine Kinder stehlen, zeitlich, emotional und finanziell. Dabei hätte sie ihn gern mehr zur Betreuung der Kinder im Boot, für die Arbeit, aber auch, um mehr Zeit für ihren neuen Partner, Herrn G., zu haben. Frau W. hatte ihn in einer Angehörigengruppe für psychisch erkrankte Menschen kennengelernt. Frau W.s Mutter litt seit langem unter einer manisch-depressiven Erkrankung und auch wenn sie den Kontakt zu ihrer Mutter in den letzten Jahren sehr reduziert hatte, so litt sie doch sehr unter der schwierigen Beziehung zu ihr. Herr G. war wegen seiner Mutter in dieser Gruppe. Seine Mutter hatte eine starke Alkoholabhängigkeit, er versuchte, einen guten Kontakt mit ihr zu halten, der ihn selbst nicht zu sehr schwächte.

Frau W. und ihr neuer Partner verstanden sich gut, sie verband eine Leidenschaft fürs Gärtnern und die Erfahrung des Aufwachsens in einer Familie in schwieriger emotionaler und sozialer Lage. Herr G. besuchte Frau W. oft, blieb manchmal auch über Nacht. Frau W. hatte den Eindruck, dass Lukas und Leon ihn mochten. Da Herr G. demnächst aus seiner Wohnung ausziehen müsste, überlegten sie, ob er zu ihr und den Kindern ziehen könnte. Finanziell würde sie dies erleichtern, da sie sich die Wohnungskosten teilen könnten. Frau W. sah auch eine Chance, dann mehr arbeiten zu gehen, weil Herr G. abends oder samstags auf die Jungs aufpassen könnte. Als sie den Kindern mitteilte, dass sie plane, mit Herrn G. zusammenzuziehen zeigte sich vor allem Lukas wenig begeistert, wollte aber auch nicht erklären, was ihm daran missfiel. Leon schien sich zu freuen. Frau W. war verunsichert, aber Herr G. versuchte sie diesbezüglich zu beruhigen. Es tat Frau W. gut, dass Herr G. so empathisch und fürsorglich sein konnte. Es war allerdings nicht alles so einfach. Herr G. war sehr charmant und herzlich, vor allem gegenüber Frauen. Frau W. begann, eine Eifersucht zu entwickeln, wenn er länger mit ihrer ledigen Schwester oder ihren alleinerziehenden Freundinnen plauderte und lachte. Sie mochte sich dann selbst nicht, da sie sich eigentlich für eine selbstbewusste Frau hielt. So brauchte sie eine Weile, bis sie das Thema auf den Tisch brachte. Beide hatte schon etwas getrunken. Er verstand sie nicht und die Diskussion eskalierte heftig, mit lautem Geschrei und Zuknallen von Türen. Frau W. kannte das von sich, mit etwas Wein im Blut wurde sie manchmal ganz schön biestig. So eine heftige Eskalation hatte sie allerdings schon lange nicht mehr erlebt. Lukas und Leon hatten den Streit mitbekommen, Leon war aus dem Bett gekommen und hatte geweint. Lukas hatte laut »Ruhe« gebrüllt! Frau W., die solche heftigen Streitsituationen als Kind selbst häufig zwischen ihren Eltern erlebt hatte, hatte unbedingt vermeiden wollen, dass ihre Kinder auch so etwas erlebten. Zwar haben

Herr G. und sie sich vorgenommen, zukünftig Streits nicht mehr so ausarten zu lassen, aber würde das auch funktionieren? Vor diesem Hintergrund zweifelt Frau W. nun, ob ein Zusammenziehen mit Herrn G wirklich der richtige Schritt sei. So kommen gerade viele Probleme auf einmal zusammen, die Finanzen, die Sorge um das Wohlbefinden der Kinder, dass sich ihr Sohn Lukas so von ihr entfernt und nicht mehr erzählt, was ihn bewegt, die nicht klärbaren Themen mit dem Vater der Jungs, die Sorge um die Arbeitsstelle, die Ambivalenz gegenüber einem möglichen Zusammenziehen mit Herrn G. und die für sie so ungewöhnliche Eifersucht.

Am Beispiel von Frau W. lässt sich gut die ganze Bandbreite der Lebenssituation alleinerziehender Elternteile auffächern. Im Großen und Ganzen geht es Frau W. recht gut, sie würde am ehesten zu der oben beschriebenen Gruppe der flexiblen Pragmatiker:innen gehören. Sie hat eine Balance aller Anforderungen gefunden, doch ist diese recht wacklig: Kleinere Veränderungen können das Familiensystem an die Belastungsgrenze bringen. Auch ist die finanzielle Situation bei Frau W. – wie so häufig bei alleinerziehenden Eltern – angespannt, größere Ausgaben können nicht so leicht realisiert werden und verursachen Stress. Diese prekäre Lage durch Ausweitung der Arbeit zu verbessern, ist für viele alleinerziehende Eltern schwierig und nicht ohne soziale Unterstützung realisierbar. Im Handel, einem Bereich, in welchem gerade Frauen mit geringerem Bildungsabschluss häufig tätig sind, sind die Arbeitszeiten nicht kinderfreundlich und passen nicht zu den Öffnungszeiten institutioneller Betreuungseinrichtungen wie Kita oder Hort. Ähnliches gilt für auch für den klassisch weiblichen Arbeitsbereich der Pflege. Würde Frau W. mehr arbeiten gehen wollen, müsste sie mehr Abend- und Wochenendschichten abdecken – dafür bräuchte sie wiederum mehr Unterstützung bei der Kinderbetreuung. Ein soziales Netzwerk existiert zwar, würde aber für eine veränderte Situation nicht ausreichen. Der Vater der Kinder könnte durch präzise Absprachen und ein passendes Umgangsmodell dazu beitragen, dass Frau W. ihre Pläne bezüglich der Ausweitung ihrer Berufstätigkeit umsetzen kann, wenn er denn dazu bereit und in der Lage wäre. Doch die Beziehungen zu getrennten Partner:innen sind nicht immer kooperativ und unterstützend, sie können auch zu den anstrengenden Themen gehören. Ähnliches gilt für neue Partnerschaften; sie bringen Nähe, Intimität und Unterstützung, doch wirbeln sie auch das familiäre Beziehungsgefüge durcheinander und bringen möglicherweise persönliche Belastungs- und Entwicklungsthemen auf den Plan. Nicht zu vergessen ist, dass auch Kinder mit dem Älterwerden immer wieder in neue Entwicklungsphasen eintreten, die Aufmerksamkeit und Anpassung erfordern.

2.1 Die äußeren Umstände

Erwerbsarbeit

Die finanzielle Absicherung, die Haushaltsführung und die Betreuung und Versorgung der Kinder zu managen, ist für alleinerziehende Eltern häufig gar nicht so einfach, besonders wenn die Kinder noch klein sind. Da die finanzielle Mitabsicherung durch einen Lebenspartner wegfällt, ist es für Alleinerziehende von größerer Notwendigkeit, möglichst schnell und umfangreich einer Erwerbstätigkeit nachzugehen. Berufstätigkeit und ein zeitiger beruflicher Wiedereinstieg nach der Elternpause, vor allem aber nach Eintritt in die Phase des Alleinerziehend-Seins ist ein wichtiger Schritt, sich vor Armut und finanziellen Notlagen zu schützen. Allerdings können die mangelnde Flexibilität von Arbeitszeiten, fehlende Betreuungsplätze für die Kinder, die eingeschränkten Betreuungszeiten von Kita und Schulen aber auch Vorurteile von Arbeitgeberinnen (mangelnde Flexibilität und

Belastbarkeit) und des sozialen Umfeldes (»In Vollzeit arbeitende Mütter sind Rabenmütter«) dies erschweren.

Für die Erwerbsarbeit alleinerziehender Eltern ist zum einen das Alter des jüngsten im Haushalt lebenden Kindes ein wichtiger Faktor. Alleinerziehende Eltern mit einem Kind unter drei Jahren im Haushalt gehen weniger häufig einer Erwerbsarbeit nach als Eltern in Paarfamilien mit einem jungen Kind. Die Erwerbsquote bei alleinerziehenden Müttern liegt bei 30 %, bei Müttern in Paarfamilien bei 40 %. Knapp 70 % der alleinerziehenden Väter mit einem Kind unter drei Jahren im Haushalt gehen einer Erwerbsarbeit nach, Väter mit kleinen Kindern in Paarhaushalten zu 90 % (Statistisches Bundesamt, 2018, S. 25). Eindeutig zeigt sich bei diesen Zahlen, dass Mütter, ob in Eineltern- oder Paarfamilien, nach wie vor häufiger ihre Berufstätigkeit für die Versorgung der Kinder einschränken. Werden die Kinder dann älter, erhöht sich auch der Anteil der erwerbstätigen Mütter. Schon wenn das jüngste Kind im Haushalt sechs Jahre und älter ist, wenn also die Institutionen Grundschule, Ganztagsschule und Hort einen Großteil der Tagesbetreuung übernehmen können, liegt die Erwerbsquote bei den alleinerziehenden Müttern und Vätern und den Müttern in Paarhaushalten annähernd gleichauf bei 76–80 %. Nur Väter in Paarhaushalten sind häufiger berufstätig (Statistisches Bundesamt, 2018, S. 26)

Eine höhere Qualifikation ist oft eine positive Vorbedingung für das Nachgehen einer Erwerbsarbeit. Alleinerziehende mit mittlerem und höherem Abschluss sind häufiger berufstätig, oft auch in Vollbeschäftigung. Schlecht qualifizierte Mütter ohne Berufsabschluss sind dagegen oft auf Transferleistungen des Staates angewiesen. Nach einer Studie des BMSFSJ sind nahezu alle alleinerziehenden Mütter ohne Schulabschluss gar nicht oder nur gering beschäftigt. Dagegen sind über die Hälfte der alleinerziehenden Mütter mit dem Abschluss der mittleren Reife und etwa zwei Drittel der Mütter mit (Fach-)Abitur in Teilzeit oder in Vollzeit erwerbstätig (BMSFSJ, 2012, S. 16).

Alleinerziehende Mütter und Väter versuchen häufiger, Kinderbetreuung und Haushalt mit einer Vollzeit-Berufstätigkeit unter einen Hut zu bekommen als zum Beispiel Mütter in Paarhaushalten, und das häufig ohne Unterstützung eines im Haushalt lebenden Partners (Statistisches Bundesamt, 2018, S. 27).

Optimal empfinden alleinerziehende Eltern allerdings eine Erwerbstätigkeit von ca. 30–32 Wochenstunden (BMSJS, 2011, S. 25). Damit erscheint ihnen eine relative finanzielle Absicherung und eine ausreichende Teilhabe am Erwerbsleben abgedeckt und es bleibe genügend Zeit, sich um Familienangelegenheiten zu kümmern.

Geld

Auch wenn sie erwerbstätig sind, haben alleinerziehende Eltern häufig weniger Geld pro Familienmitglied zur Verfügung als Eltern in Paarhaushalten. So verwundert es nicht, dass die finanzielle Lage für viele Alleinerziehende ein wichtiges Thema ist und oft eine besondere Quelle von Sorge und Unzufriedenheit darstellt. Menschen, die in Einelternfamilien leben, sind häufiger als der Bevölkerungsdurchschnitt von Armut bedroht. 32 % der Personen sind armutsgefährdet, das heißt, ihr Einkommen oder das Geld, das ihnen zum Leben zur Verfügung steht, liegt bei weniger als 60 % von dem, was Menschen in Deutschland im Mittel zur Verfügung haben (Kuhnert, 2017, S. 19). Für alle Menschen in Deutschland, liegt die Quote der Armutsgefährdung im Mittel bei 16,5 %, bei Personen in Familienhaushalten mit zwei Erwachsenen bei bloß 11 % (Statistisches Bundesamt Destatis 2018, S. 35).

Neben dem Verdienst aus der Erwerbsarbeit stehen alleinerziehenden Eltern das staatliche Kindergeld, steuerliche Vorteile und Unterhaltszahlungen des anderen Elternteils zu. Dabei hängt der Unterhaltsanspruch vom Einkommen des anderen Elternteils und der Aufteilung der Betreuungszeiten ab. Reicht das Einkommen des von den Kindern getrennt lebenden Elternteils nicht aus, so streckt der Staat Unterhaltsleistungen im Sinne eines Unterhaltsvorschusses vor. Unterhaltsansprüche und -zahlungen sind oft Streitpunkte zwischen getrennten Eltern. Nicht alle Elternteile, bei denen die Kinder nicht vornehmlich leben, können oder wollen Unterhalt zahlen und nicht immer fordern alleinerziehende Eltern vom anderen Elternteil auch ein, was ihnen theoretisch zustünde, zum Beispiel um die Elternbeziehung und Umgangsregelungen nicht zu gefährden oder weil sie nicht vom anderen Elternteil abhängig sein wollen. Es empfiehlt sich, die genauen Unterhaltansprüche bei einer neutralen Stelle (wie der Unterhaltsstelle des Jugendamtes) berechnen zu lassen. Alleinerziehende Elternteile, die keiner oder nur einer geringfügigen Erwerbsarbeit nachgehen können oder die einen sehr niedrigen Verdienst haben, haben Anspruch auf zusätzliche staatliche Transferleistungen: Das können Wohngeld, Kinderzuschläge oder auch zusätzliche Zahlungen der Grundsicherung (sog. Aufstocken) sein. Den Kindern stehen Leistungen nach dem Bildungs- und Teilhabegesetz zu, also Zuschüsse zu Klassenfahrten oder Ferienreisen, zum Mittagessen in Schule und Kita, zur musikalischen Früherziehung oder der Mitgliedschaft in Sportvereinen (FiF e. V., 2019, S. 131 ff.). Sozialberatungsstellen und Jobcenter helfen, Ansprüche zu ermitteln und Anträge zu stellen. Nicht wenige alleinerziehende Eltern geraten in finanzielle Notlagen oder haben Schulden, zum Teil durch das Sich-Neuaufstellen nach einer Trennung oder weil das monatliche Budget für größere Posten (z. B. Waschmaschine, Autoreparatur) schlichtweg nicht ausreicht.

Zeit

Mit der Zeit ist es bei vielen alleinerziehenden Eltern, besonders wenn sie berufstätig sind, wie mit einer zu kleinen Bettdecke – irgendetwas schaut immer heraus. Trotz der stärkeren Alltagsbelastung investieren alleinerziehende Mütter kaum weniger Zeit für ihre Kinder als (berufstätige) Mütter aus Paarfamilien (BMSFSJ, 2021, S. 155). Sie sind im Schnitt sogar häufiger in Vollzeit berufstätig, was die Frage aufwirft, wie sie das hinbekommen. Aus der Beratungspraxis sind die alleinerziehenden Eltern bekannt, die alles schaffen wollen, permanent aktiv sind und sich kaum Zeit für sich nehmen. Manchmal haben sie verlernt, sich auszuruhen und zu entspannen. Andere alleinerziehende Eltern tun sich leichter damit, die Kinder bei Oma und Opa oder Freunden sinnbildlich zu parken, unternehmen viel mit anderen Eltern und Kindern und lassen den Haushalt schlichtweg Haushalt sein. Sie wirken dann häufig etwas unorganisiert und chaotisch. Andere nehmen Jobs an, die eher zu ihren Lebensbedingungen als zu ihren Ambitionen passen, auch wenn das Geld dann knapp ist; Zeitwohlstand ist wichtiger als materielle Aspekte oder berufliche Selbstverwirklichung (vgl. auch BMSFJ 2011). Alleinerziehende, die keiner Erwerbsarbeit nachgehen, haben hingegen deutlich mehr Zeit für die Kinder und die Haushaltsführung, möglicherweise auch für sich selbst. Hier ist neben der dann oft angespannten finanziellen Situation eher die Vereinsamung ein Belastungsthema, weil die Kontaktoptionen zum Beispiel durch die Berufstätigkeit fehlen und vielleicht auch das Geld für einen gemeinsamen Café- oder Kinobesuch.

Institutionelle Kinderbetreuung

Kindertageseinrichtungen, Schulen und Horte können ein Großteil der Tagesbetreuung der Kinder abdecken. Seit 2013 besteht für jedes Kind ab dem vollendeten ersten Lebensjahr ein Rechtsanspruch auf einen Kindertagesstättenplatz oder einen Tagespflegeplatz. Regional gibt es allerdings noch große Unterschiede. Gerade schnell wachsende städtische Regionen können oft den Bedarf an Betreuungsplätzen nicht ausreichend decken. Bundesweit fehlen aktuell zum

Beispiel 342 000 Betreuungsplätze (IWD, 2020). In der Regel schließen Kindertagesstätten und Horteinrichtungen am späten Nachmittag, somit sind alleinerziehenden Eltern für die eigene Berufstätigkeit enge zeitliche Grenzen gesteckt. Nur ca. 20 % aller Kitas öffnen vor 7.00 Uhr und 30 % sind nur bis 16.30 Uhr geöffnet. Die Zahl der Kitas, die Betreuung auch vor 7.30 Uhr und/oder nach 18.30 Uhr anbieten liegt bei unter 3 % (Bertelsmann-Stiftung, 2021). Privat organisierte Unterstützung ist ein Weg, sich mehr Spielräume zu schaffen.

Jüngere Kinder bis zum Beginn des Grundschulalters benötigen die ständige Präsenz einer Person, zu der eine Vertrauensbeziehung besteht. Das muss nicht in jedem Fall der alleinerziehende Elternteil selbst sein, auch der andere Elternteil oder deren Lebenspartnerin, Erzieher in der Kita, neue Lebenspartnerinnen, die Großeltern aber auch Freunde und Verwandte, die dem Kind vertraut sind, können diese Aufgaben übernehmen. Ältere Kinder treffen sich nach der Schule gern mit Freunden, wollen vielleicht dort auch übernachten, nehmen an Hobbies und Freizeitangeboten teil. Des Weiteren können sie zunehmend schon gewisse Zeiträume allein zu Haus verbringen. Die Förderung solcher Impulse und Optionen kann – mit Augenmaß – zeitliche Entlastung schaffen und die Selbstständigkeit und das Selbstvertrauen der Kinder stärken.

Die strukturellen Bedingungen (Geld/Zeit/Institutionelle Kinderbetreuung) alleinerziehender Eltern sind häufig Thema in Beratungssitzungen. Hilfreich ist, wenn Berater:innen gut informiert sind über Anlaufstellen für Eltern, zum Beispiel was Finanzen, arbeitsrechtliche Unterstützung, das Recht auf Kinderbetreuung etc. angeht. Tatsächlich kann ein Teil der Beratung darin bestehen, Eltern zu unterstützen, die Anforderungen in eine gewisse Balance zu bringen, an manchen Stellen mehr einzufordern, anderes zu akzeptieren und gegebenenfalls anders zu bewerten.

Für Frau W. stellt sich in diesem Zusammenhang die Frage, wie bezüglich ihrer Arbeitssituation am besten vorzugehen sei: Eine Klärung mit dem Vater der Kinder zu versuchen, um ihn wieder mehr ins Boot zu holen, die Thematik mit ihrem Lebenspartner zu klären, so dass ein Zusammenziehen möglich wird und er sie mehr unterstützen kann, sich lieber unabhängig von beiden Männern zu machen und ihr soziales Netzwerk mehr auszubauen oder sich um eine neue Arbeit zu bemühen?

2.2 Die inneren Zustände

Mental Load

Alleinerziehende Elternteile tragen häufig die Verantwortung für alle alltäglichen Lebensbereiche ihrer Familie allein, nicht nur für die finanzielle Absicherung, die Betreuung und Erziehung der Kinder, sondern ebenfalls für die vielen kleinen Dinge, die es für einen reibungslosen Ablauf braucht, für die Pflege der Sozialbeziehungen und allgemein für längerfristige Planung. Für die Belastung, die durch eine tägliche innere Verantwortungsübernahme für die Organisation von Alltagsaufgaben, die Pflege von Sozialbeziehungen und die Unterstützung zur Gefühlsregulation innerhalb einer Familie, eines Teams oder einer Gruppe entsteht, wurde der Begriff des Mental Load geprägt. Diese Belastung, die sprichwörtliche Ladung, wird vor allem im familiären Bereich hauptsächlich Frauen auferlegt (Schnerring u. Verlau, 2020, S. 30). Mental Load bezieht sich dabei weniger auf die praktischen (und oft sichtbaren) zu erledigenden Tätigkeiten an sich, sondern auf die Prozesse, die es braucht, um den Überblick zu behalten, zu planen und nichts von Belang zu vergessen, wie zum Beispiel:
- Wann steht der nächste Zahnarzttermin an?

- Ist genug Brot da, um morgen die Frühstücksschnitten zu schmieren?
- Am Montag schreibt die Tochter eine Mathearbeit, wir dürfen am Sonntag nicht vergessen, noch einmal zu üben!
- Wir brauchen noch ein Geschenk für die Oma, die am Samstag Geburtstag feiert.
- Haben alle noch genug saubere Sachen im Schrank?
- Das Geld für die Klassenfahrt muss noch überwiesen werden, oh, ist überhaupt genug auf dem Konto?

Für alleinerziehende Eltern stellt sich die Frage, inwieweit sich in ihrem sozialen Umfeld Personen finden, mit denen sie ihren Mental Load teilen können. Eine gemeinsame Verantwortungsübernahme mit dem anderen Elternteil zum Beispiel braucht eine Beziehung auf Augenhöhe, eine funktionierende Kommunikation, aber auch Engagement des anderen Elternteils und ausreichend Zeit mit den Kindern, um bestimmte Themen im Blick zu behalten. Nicht immer gelingt es, den anderen Elternteil ausreichend in die Verantwortlichkeit miteinzubeziehen. Nach einer Befragung von Limmer gaben 61 % aller alleinerziehenden Eltern an, die Verantwortlichkeit für die Belange der Kinder allein zu tragen, 13 % gemeinsam mit dem anderen Elternteil und 18 % mit einem neuen Partner. Bei nur 8 % verteile sich die Verantwortung auf mehr als zwei Personen, häufig der getrennt lebende Elternteil und eine neue Partnerin (2004, S. 22).

Gesundheit und Wohlbefinden

Um fit und gesund zu sein und zu bleiben, braucht es ausreichend Schlaf, eine gesunde Ernährung, körperliche Bewegung, Phasen von Muße und Entspannung, von Freude, Spiel und Spaß. Für viele Eltern ist es schwierig, neben Arbeit, Kindern und Haushalt für diese Dinge genug Raum zu haben, für alleinerziehende Elternteile umso mehr.

Die hohen Anforderungen scheinen zu Lasten ihrer Gesundheit zu gehen. So schätzen nach einer Studie des Robert-Koch-Instituts aus dem Jahr 2017 25,5 % der alleinerziehenden Mütter und 23,4 % der alleinerziehenden Väter ihren Gesundheitszustand als mittelmäßig bis schlecht ein, bei Müttern oder Väter aus Paarhaushalten taten dies nur 17 %. Alleinerziehende Mütter zeigen deutlich höhere gesundheitliche Belastungen in den erfassten Bereichen Rückenschmerzen und Depression im Vergleich zu Müttern aus Familien, in denen zwei Eltern zusammenleben, alleinerziehende Väter ebenfalls im Bereich Depression. Auch bezogen auf gesundheitsförderndes Verhalten gab es deutliche Unterschiede. So rauchen deutlich mehr alleinerziehende Mütter und Väter, sie nehmen weniger an Zahnvorsorgeuntersuchungen teil und alleinerziehende Mütter sind auch weniger sportlich aktiv (Rattay, v. d. Lippe, Borgmann u. Lampert, 2017, S. 32).

An anderer Stelle wird auf eine Unzufriedenheit Alleinerziehender mit der eigenen Gesundheit und dem eigenen Schlaf hingewiesen (Verein Alleinerziehender Mütter und Väter Nordrhein-Westfalen – VMAV NRW e. V., 2018, S. 12). Alleinerziehende Eltern leben oft in Dauerbelastung, einem Zustand, der längerfristig ursächlich für Erschöpfung, Depression und körperliche Erkrankungen ist. Nachvollziehbarerweise wird gesundheitsförderndes Verhalten wie Vorsorgeuntersuchungen, Entspannung und sportliche Aktivität häufig der Alltagsbewältigung geopfert. Für alleinerziehende Elternteile ist es eine große Herausforderung, sich Freiräume für Erholung und Gesundheit zu schaffen, da Zeiten dafür im wahrsten Sinne des Wortes frei geräumt werden müssen. Es gelingt nie, erst alles zu erledigen, was erledigt werden könnte oder müsste. Je nach Lebenskonstellation, aber auch nach Persönlichkeitstyp fällt es leichter oder schwerer, reale oder empfundene Verpflichtungen liegen zu lassen und die wertvolle Zeit, in der zum Beispiel die Kinder von jemand anderem

betreut werden, dazu zu nutzen, etwas für sich zu tun. Manche Menschen wissen auch gar nicht genau, was ihnen guttut und Energie gibt und finden in ihrem verdichteten Alltag kaum Gelegenheit, darüber nachzudenken. Hilfreich kann sein:
- In dezidierten Ruhephasen herauszufinden, was guttut und Kraft gibt,
- Entspannungs- und Spaßzeiten gemeinsam mit den Kindern zu finden, Rituale zu entwickeln,
- Freiräume zu schaffen durch die Aktivierung sozialer Unterstützung,
- Auszeiten aktiv für Kraft gebende Dinge (und nicht für den Haushalt) nutzen zu lernen und dafür innere Hemmnisse zu überwinden (an inneren Glaubenssätzen und Familienregeln arbeiten),
- spezielle Angebote der Region zu nutzen, zum Beispiel Fitnesseinheiten für Mütter mit Kind, Mutter- bzw. Vater-Kind-Kuren, Austauschgruppen in Familienzentren oder Beratungsstellen, Vereinsaktivitäten,
- sich Achtsamkeit, Genussfähigkeit und gesunde Lebensführung anzueignen.

3 Bezugspersonen und soziales Umfeld

Sehr häufig befinden sich Alleinerziehende in Phasen mit wenig Zeit für Reflexion, so dass der Umgang mit verschiedenen Bezugspersonen im System unklar ist. Das folgende Kapitel zeigt Perspektiven im Umgang mit unterschiedlichen Aspekten des Familiensystems auf und benennt die Rollen, die selbst oder von den Kindern eingenommen werden können.

3.1 Der Umgang mit dem anderen Elternteil

Gemeinsame Elternschaft nach der Trennung
Nach einer Trennung haben häufig beide Eltern das gemeinsame Sorgerecht, da sie entweder miteinander verheiratet waren, als unverheiratete Eltern die gemeinsame Sorge erklärt haben oder das Familiengericht dies nach § 1626a BGB entschieden hat. Die Ausübung der gemeinsamen Sorge kann mit großen Herausforderungen verbunden sein, da dadurch ein hoher Kontakt- und Abstimmungsbedarf zwischen den Eltern entsteht, der dem häufigen Bedürfnis getrennter Partner:innen nach Abstand, Verarbeitung und Neuorientierung widerspricht und diesen Prozess auch erschweren kann. Gerade nach sehr konflikthaften Trennungen und schwierigen Partnerschaften fällt es Eltern nicht leicht, eine positive Kommunikation aufzubauen, in einen konstruktiven Austausch zu gehen und gemeinsame Entscheidungen zum Wohl der Kinder zu treffen. Daher ist es für die Elternteile in diesem Szenario besonders wichtig, sich frühzeitig Hilfe und Unterstützung zu suchen. Ein wichtiger Aspekt der gemeinsamen Sorge ist die Verteilung der Betreuungs- und Erziehungszeiten der Kinder. In den letzten Jahren, spätestens jedoch nach Inkrafttreten des FamFG[3] im Jahr 2013, ist der Anteil der Eltern, die eine gemeinsamen Betreuung und Erziehung der Kinder auch nach einer Trennung anstreben und ein gemeinsames Sorgerecht ausüben, stark angestiegen. Etwas 50 % der getrennten Eltern möchten ihre Kinder gemeinsam zu gleichen Anteilen betreuen, ca. 11 % tun dies bereits (BMSFSJ, 2017). Die Ausgestaltung der Betreuung kann für jede Familie ganz individuell sein, schließlich muss sie zu den Lebensbedingungen aller passen. Insgesamt gilt, dass alle gemeinsamen Betreuungsmodelle am besten funktionieren, wenn sich Eltern auch nach einer Trennung

---

3 Gesetz über das Verfahren in Familiensachen und in den Angelegenheiten der freiwilligen Gerichtsbarkeit

gegenseitig achten und respektieren können und eine konstruktive Kommunikation, also eine *kooperative Elternschaft* gelingt. Lebendige gemeinsame Betreuung lebt von Absprachen und auch flexiblen, den Lebenssituationen und Bedürfnissen von Eltern und Kindern angepassten Lösungen. Konfliktreiche Elternbeziehungen benötigen mehr feste und genaue Regelungen. Bestehen anhaltende Unvereinbarkeiten der Eltern, kann ein Modell der *parallelen Elternschaft* gelebt werden. Neben einer Bereitschaft zur Abgrenzung braucht es die Akzeptanz für die erzieherischen Verantwortung des anderen Elternteils (Balloff, 2004, S. 70), es gibt aber wenig Kontakt und Kooperation zwischen den Eltern und Konflikte werden nicht offen ausgetragen. Den Kindern wird dadurch ermöglicht, zur Ruhe zu kommen und in gutem Kontakt mit beiden Eltern zu leben. Gleichzeitig schützt es alle Beteiligten vor emotionaler Überforderung und dem Fortführen destruktiver Beziehungsmuster (Weiß u. Funke, 2018, S. 94). Ein wirklicher Entlastungseffekt ist vor allem bei kooperativer Elternschaft nach der Trennung zu spüren. Leben die getrennten Eltern eine parallele Elternschaft, so sind durch die Aufteilung der Betreuung zwar unterstützende Faktoren gegeben, doch die mangelnde Kooperation kann anderseits neue Belastungen hervorbringen.

Co-Parenting

Manche alleinerziehenden Eltern leben ein sogenanntes Co-Parenting, eine selbstgewählte Familienform, bei der sich Singles oder auch Paare dafür entscheiden, mit einer anderen Person ein Kind zu zeugen, mit der keine Liebesbeziehung besteht oder bestand. Beide leiblichen Eltern führen eine über Zeugung und Schwangerschaft hinausgehende und von Fall zu Fall unterschiedliche Eltern-Kind-Beziehung und sind im Leben des Kindes präsent. Co-Parenting-Modelle werden von Singles, gleichgeschlechtlichen und heterosexuellen Paaren oder Menschen in polyamorösen Beziehungen gelebt, dabei ähneln die

Konstellationen Patchworkfamilien oder Familien mit getrennt lebenden Single-Eltern. Eine Spielart von Co-Parenting ist es, wenn sich Menschen erst nach Geburt eines Kindes zu einer sozialen Co-Elternschaft zusammenschließen (Vogelsang, 2020, S. 49 ff.).

Co-Elternschaften können die Vorteile einer gut funktionierenden Elternschaft nach Trennung ohne die für tiefe emotionale Konflikte anfällige Ebene einer gescheiterten Paarbeziehung nutzen. Allerdings bedarf es auch hier einer guten Abstimmung von Erziehungseinstellung und -verhalten.

Repräsentanz in der Familie

Wie der andere Elternteil in der Familie im Umgang bewertet wird, wie und ob über ihn oder sie geredet, gedacht, was ihm oder ihr gegenüber gefühlt und was verschwiegen wird, ist von Bedeutung. Das gilt auch, wenn der andere Elternteil nicht am Alltagsleben teilnimmt, zum Beispiel weil der Kontakt abgebrochen ist, eine Vaterschaft nicht erklärt wurde, das Kind aus einer Samenspende entstanden ist oder der andere Elternteil verstorben ist. Auch nicht tatsächlich präsente Elternteile sind im inneren Erleben der Familienmitglieder präsent und spielen eine Rolle im familiären System (s. a. Mücke, 2003, S. 206 ff.)

Kinder zeigen Eigenschaften, Verhaltensweisen, Aussehen, Neigungen und Talente des anderen Elternteils und können damit Freude, aber auch negative Emotionen wie Wut, Trauer, Hilflosigkeit oder Angst aktivieren, die sich vielleicht auf den anderen Elternteil beziehen, sich aber nun auf das Kind übertragen:

- Kinder fragen nach dem anderen Elternteil, suchen nach ihren Wurzeln, hinterfragen Familienverhältnisse, wollen Kontakt aufnehmen.
- Wertvorstellungen eines verstorbenen Elternteils können offen oder verdeckt im Familiensystem weiterleben und es vielleicht

auch in der Entwicklung behindern (»Mutter hätte das nicht gewollt, Papa hat das immer so gemacht, also bleibt das so«).
- die (unterdrückte) Trauer um den verstorbenen oder verloren gegangenen Partner oder ein anderes starkes Gefühl kann den Blick für die Bedürfnisse der Kinder versperren und auch die eigene Entwicklung einschränken.

Es kann für den alleinerziehenden Elternteil hilfreich sein, sich der Rolle des anderen Elternteils im Familiensystem bewusst zu werden. Zum einen geht es darum, die Bedeutung des anderen Elternteils für die Kinder wahrzunehmen, so dass es besser gelingt, ihnen zu erlauben, eine eigene Beziehung zum abwesenden Elternteil zu entwickeln und zu pflegen. Zum anderen ist es wichtig, eine Repräsentanz für den Konterpart zu finden, die der eigenen Lebensrealität entspricht, die eigenen Gefühle gegenüber dem anderen Elternteil aber von denen der Kinder unterscheidet und somit genug Spielraum für die Identitätsentwicklung der Kinder lässt.

3.2 Perspektivische Besonderheiten

Soziale Unterstützung und Netzwerke

Das Sozialgefüge alleinerziehender Eltern ist häufig ganz anders strukturiert als das einer (oft arbeitsteilig organisierten) Paarfamilie – die Verantwortung für die Befriedigung einzelner Bedürfnisse, wie nach Unterstützung bei der Kinderbetreuung oder Haushaltstätigkeiten und handwerklichen Aufgaben, nach Freude und Freizeit, nach Nähe und Intimität werden auf unterschiedliche Personen verteilt. Für die Eltern ist dies eine sinnvolle Lösung, aber auch für Kinder kann es sehr hilfreich und unterstützend sein, Zugang zu verschiedenen Bezugspersonen zu haben. Eine afrikanische Weisheit, die Amiel zitiert bringt diesen Gedanken auf den Punkt: »Es braucht ein ganzes Dorf, damit ein Kind sich gut entwickelt« (2021, S. 59). Für die Alltagsbewältigung alleinerziehender Eltern sind häufig die eigenen Eltern eine wichtige Unterstützung. So gaben zum Beispiel 69 % der alleinerziehenden Mütter in einer Studie des BMSFSJ an, »(...) dass sie auf ihr familiäres Netzwerk zurückgreifen« und weiter, dass »ebenso viele den Zusammenhalt ihrer Familie als sehr eng [beschreiben]« (BMSFSJ, 2011, S. 12). Aber auch Nachbarn, Freunde und neue Lebenspartner:innen spielen eine wichtige Rolle. Doch dieses Netzwerk muss sich erst entwickeln. So ist es nicht verwunderlich, dass sich gerade nach einer Trennung alleinerziehende Eltern erst einmal alleingelassen fühlen. Manchmal wollen Eltern es aber auch möglichst allein schaffen und haben dafür gute Gründe:

- Sie wollen Stärke zeigen und keine Angriffspunkte bieten (dem Ex-Partner oder den eigenen Eltern gegenüber). In der Beratung getrennter Eltern erlebt man immer wieder, dass gerade in der Nachtrennungszeit die Bewertung durch ehemalige Lebenspartner:innen von großer Wichtigkeit ist.
- Hilfe anzunehmen, ohne etwas zurückgeben zu können, löst das Gefühl aus, dem anderen etwas schuldig zu sein. Dies wird als sehr unangenehm empfunden.
- Sie wollen niemandem zur Last fallen.
- Die Inanspruchnahme von Hilfe von Verwandten und Freundinnen kann dazu führen, dass diese sich in die Erziehung einmischen, was zu Spannungen führen kann oder zum Zurückstellen der eigenen Meinung, um die Unterstützung nicht zu gefährden. Eine stärkere Einmischung wird dann als Preis für die geleistete Unterstützung geduldet, die Inanspruchnahme aber möglichst reduziert.

Am angenehmsten scheint eine Variante des Gebens und Nehmens zu sein, bei der der alleinerziehende Elternteil im Ausgleich für die empfangene Hilfe bei der Betreuung und Unterstützung Gegenleistungen erbringen können (vergleiche auch Limmer, 2004, S. 33, 34).

Liebe und Partnerschaft

Die Sehnsucht nach einem neuen Partner, einer neuen Partnerin

Für alleinerziehende Eltern ist es gar nicht so einfach, einen neuen Partner, eine neue Partnerin zu finden. Sie sind zu Hause deutlich stärker eingebunden als Singles ohne Kinder, viel weniger flexibel, haben weniger Zeit für Freizeitaktivitäten wie Sport, Kultur und Ausgehen. Sind alleinerziehende Elternteile geringer beruflich eingebunden, haben sie auch hier weniger Kontaktoptionen. Manchmal ist es auch ein Hinderungsgrund für den Aufbau einer Beziehung, dass es schon Kinder (und somit einen gescheiterten Familiengründungsversuch) gibt. Doch müssen sich getrennt lebende Eltern aber auch auf den Weg machen wollen. Eine gute Chance bieten Dating-Apps und -Portale und ein Freundeskreis, der nicht nur aus ebenfalls alleinerziehenden Eltern in gleicher Lage besteht. Einigen Menschen fällt es generell schwer, Partner zu finden, mit denen sie gut in einer längeren Beziehung leben können. Meist bestand diese Thematik schon vor der Elternschaft. Dem können negative Bindungserfahrungen oder auch Traumatisierungen in der eigenen Herkunftsgeschichte zugrunde liegen.

Zeit zu zweit

Für Zeit zu zweit brauchen alleinerziehende Elternteile kinderfreie Zeiten, daher ist hier erneut soziale Unterstützung gefragt. Gibt es davon wenig, so startet die gemeinsame Zeit zwangsläufig mit dem oder den Kindern, auch wenn Treffen in den Abend und nach dem Zubettgehen der Kinder gelegt werden. Spontane Paarzeit und Sexualität ist nur zu kindfreien Zeiten lebbar und auch dann kann es passieren, dass ein hellhöriges Kind plötzlich nachts in der Tür steht. In der ersten Verliebtheit ist die Familiensituation des anderen vielleicht von weniger großer Bedeutung. Gehen Liebschaften aber in feste Beziehungen über, braucht es eine bewusste Akzeptanz, dass diese Frau oder dieser Mann nicht allein, sondern nur als Gesamtpaket mit Nachwuchs zu haben ist.

Der Einbezug der Kinder

In der Ratgeberliteratur heißt es oft, es sei sinnvoll abzuwarten, bis sich die Beziehung stabilisiert hat, bevor man die Kinder einbezieht. Die meisten alleinerziehenden Elternteile sind sich sehr wohl bewusst, dass es nicht gut ist, wenn sich die Kinder an jemanden gewöhnen und sich dann möglicherweise doch wieder entwöhnen müssen, wenn es auf Dauer nicht funktioniert. Wenn alleinerziehende Eltern allerdings wenig soziale Unterstützung haben, stehen sie vor einem Dilemma – Partnerschaften können sich kaum entwickeln, wenn man sich zu selten sieht und wenn, dann nur abends zwischen 21.00 Uhr und 6.00 Uhr morgens. Kommen noch Wegezeiten dazu, wird die neue Partnerschaft trotz allen Freuden eher zur Anstrengung. Will man mehr Alltagszeit miteinander verbringen, geht das zwangsläufig nur in Anwesenheit der Kinder. Meist ist es also eher von den Rahmenbedingungen abhängig, wie schnell Kinder den Neuen oder die Neue kennenlernen.

Living apart together

Leben Paare nicht zusammen, so führen sie eine *Living Apart Together*-Beziehung (zu Deutsch in etwa: separat zusammen leben). Für viele Alleinerziehende ist diese Beziehungsform die Form der Wahl. Sie eröffnet die Chance, die Liebesbeziehung und die Familie in einem gewissen Grad voneinander zu trennen. Neue Lebenspartner:innen werden nicht zwangsläufig zu Familienmitgliedern, zu Erziehungs- und Betreuungspersonen. Dies kann auch zum Schutz der Kinder passieren mit dem Ziel, dass ein Bindungsaufbau zu den

Kindern erst dann erfolgt, wenn die Erwachsenenbeziehung eine gewisse Zeit und Stabilität erreicht hat. Es kann auch den Prozess ein wenig verlangsamen, in dem sich das familiäre Beziehungsgefüge neu sortieren muss, was oft nicht leicht für alle Beteiligten ist. Für manche alleinerziehende Eltern ist die neue Partnerschaft auch eher ein Freiraum abseits vom anspruchsvollen Alltag. Ein anderer Grund, der einen Zusammenzug verhindern kann, ist, dass im Fall eines Zusammenzugs andere sozialrechtliche Aspekte greifen. Der neue Lebenspartner oder die neue Lebenspartnerin bekommt dann sozialrechtlich den Status eines Familienmitgliedes, eines »Stiefelternteils«, einer »Versorgerin«, beide Partner:innen werden zur Bedarfsgemeinschaft. Diese Rolle passt möglicherweise (noch) nicht zum aktuellen emotionalen Status der Beziehung oder zur Familiensituation. Partnersuchen auf Dating-Portalen und mit Internetagenturen lassen vermehrt Fernbeziehungen entstehen, was alleinerziehende Eltern und ihre neuen Partner:innen vor besondere Herausforderungen stellt. Ein Zusammenziehen bedeutet, dass einer von beiden sein soziales Umfeld und möglicherweise auch seine Arbeit aufgeben muss. Will der alleinerziehende Elternteil mit den Kindern umziehen, braucht es bei einem gemeinsamem Sorgerecht die Zustimmung des anderen Elternteils, da ein Umzug Änderungen im Umgang und der Beziehungspflege nach sich ziehen würde. Dies ist ein häufiger Streitpunkt bei getrennten Eltern.

Zusammenziehen

Das Zusammenziehen in der neuen Partnerschaft schafft für beide mehr Nähe und gemeinsame Zeit und erleichtert viele praktische und organisatorische Abläufe, bringt aber auch neue Herausforderungen mit sich: Neben dem Zusammenwachsen als Paar auch das Zusammenwachsen als Patchworkfamilie. Es kommen Fragen auf wie:

Welche Rolle soll die neue Partnerin spielen? Inwieweit soll er sich an der Betreuung, Versorgung und auch an Erziehung der Kinder beteiligen, soll sie eher kumpelhaft, Erziehungs-Assistenz oder Stiefelternteil sein? Wie verändert sich das Familien- und Paarleben?

Die Partnerschaft und die Frage eines möglichen Zusammenziehen beschäftigt auch Frau W. Neben den schönen, stärkenden Seiten (Nähe, Empathie, gemeinsames Gärtnern, geteiltes Leid) ergeben sich neue Herausforderungen und Belastungen (eskalierender Streit, Eifersucht), Wünsche und Erwartungen (nach Unterstützung im Alltag und mehr Zeit zu zweit) und Befürchtungen (ob sich das Zusammenleben mit den Kindern positiv gestalten wird, ob Herr G. und sie zukünftig Konflikte besser austragen werden).

Kinder alleinerziehender Eltern

Über Kinder alleinerziehender Eltern gäbe es ähnlich viel zu sagen wie über alleinerziehende Eltern selbst; es bräuchte ein eigenes Buch, um dem Thema gerecht zu werden, daher sollen hier nur ein paar Schlaglichter geworfen werden. Aus systemischer Sicht stellen sich vor allem Fragen nach den Bedürfnissen der Kinder, damit sie in ihrem Beziehungsgefüge gut aufwachsen können, nach den Risiken und Chancen, das ein Leben in einer Einelternfamilie bietet und danach, was nach dem Tod eines Elternteils oder einer Elterntrennung den Kindern hilft, den Übergang in eine neue Lebenssituation gut zu meistern.

Veränderungen nach Versterben eines Elternteils oder nach Elterntrennung

Etwa jede zehnte Einelternfamilie entsteht durch den Tod eines Elternteils (Limmer, 2004, S. 17). Vor allem mit Blick auf die Kinder steht die Unterstützung der Betroffenen im Umgang mit der Trauer im Vordergrund. Wichtig ist eine Akzeptanz der Gefühle der Kinder und die Erlaubnis der Trauer von dem lebenden Elternteil. Dies kann vor allem bei ambivalenten oder negativ erlebten Beziehungen eingeschränkt sein (Schleiffer, 1984, S. 15). Protektive Faktoren sind die feinfühlige Begleitung durch eine vertraute Bezugsperson und eine stabile Bindungserfahrung, die, nach einer Zeit der Trauer, auf neue Bezugspersonen übertragen werden kann (Grossmann u. Grossmann, 2014, S. 50).

Ein Großteil der Kinder alleinerziehender Eltern hat eine Elterntrennung erlebt, je nach Charakter des Kindes und seinen Bewältigungsstrategien, den Umständen der Trennung und der Menge der Veränderungen finden Kinder schneller oder langsamer wieder ein inneres Gleichgewicht. Kinder können, je nach Alter und Entwicklungsphase, typische Belastungsreaktionen zeigen, die auch verzögert auftreten können, wenn die Eltern sich wieder stabilisiert haben: So können Trennungsängste, Einnässen, Reizbarkeit oder Weinerlichkeit, Verschlechterung der Schulnoten, Rückzugstendenzen oder körperliche Symptome auftreten (Strobach, 2013, S. 14 ff.). Den meisten Kindern gelingt es aber relativ gut, sich längerfristig an die neue Lebenssituation anzupassen. Auch scheinen eher die Rahmenbedingungen der Trennung und das Leben danach die Kinder stärker zu beeinflussen als das Trennungsereignis selbst (Limmer, 2004, S. 41).

Wichtige Themen mit Blick auf die Kinder sind (s. a. Strobach, 2013, S. 12):

- In welcher Entwicklungsphase wurden die Kinder durch die Elterntrennung gestört?
- Wie ist die Beziehungsgestaltung zu den einzelnen getrennten Elternteilen?
- Wie ist das Klima zwischen den getrennten Eltern?
- Welche Rolle und welchen Platz hat das Kind in dem neuen Familiengefüge (z. B. mit neuen Lebenspartner:innen von Vater oder Mutter, Halb- und Stiefgeschwistern etc.)?

- Gibt es ein unterstützendes soziales Umfeld?
- Welchen Bewertungen und Erwartungen anderer Personen begegnen Kinder nach einer Elterntrennung?

Sowohl die Trauer- als auch die Trennungsverarbeitung der Kinder ist ein häufiger Beratungsanlass für alleinerziehende Eltern. Sie suchen nach Wegen, ihre Kinder besser zu unterstützen oder aber nach beraterischer Begleitung für ihre Kinder selbst. Es gibt neben Einzelberatungen, zum Beispiel in vielen Familienberatungsstellen, Gruppenangebote für Kinder getrennter Eltern. In der Beratungsarbeit mit Trennungsfamilien stößt man auch auf andere, auf das Familiengefüge bezogene Themen. Einige davon betreffen auch Familien, in denen ein Elternteil verstorben ist.

Verantwortungsübernahme

Die hohen Anforderungen an alleinerziehende Eltern können dazu führen, dass diese ihren Kindern früh mehr Verantwortung für eigene Belange übertragen (müssen), zum Beispiel für ihre Schulsachen, bei Schichtdiensten vielleicht das morgendliche Aufstehen und den Schulweg, das abendliche Zubettgehen, das selbstständige Zubereiten von Mahlzeiten etc. Dies fördert die Selbstständigkeit der Kinder. Wichtig ist es allerdings, die Kinder nicht zu überfordern. Kinder zeigen häufig durch Verhaltensauffälligkeiten, schulische Probleme oder auch durch körperliche Symptome wie Bauch- oder Kopfschmerzen an, dass etwas nicht stimmt und sie womöglich überfordert sind.

Rollen im Familiensystem

Lebt man allein mit Kindern, liegt es nahe, mit ihnen gemeinsam Entscheidungen im Zusammenleben zu treffen, die möglicherweise sonst auf Elternebene getroffen werden würden. Auch kann es passieren, dass beim Erzählen und Austauschen über den Tag alleinerziehende Elternteile mehr von ihren Problemen und Themen mit ihren Kindern teilen, als sie es täten, wenn sie sich mit einer Lebenspartnerin austauschen würden. Kinder erspüren oft sehr genau, wie es Eltern geht, fragen nach und werden unwillkürlich zu Ansprechpartner:innen. So können Kinder aus ihren Kinderrollen in Richtung einer Ersatzpartnerrolle rutschen. Sie fühlen sich dann für familiäre Entscheidungen und das Wohlergehen des Elternteils verantwortlich. Schwing und Fryszer nennen ein Kind, das in einer solchen Rolle ist, gebundenes Elternkind (2018, S. 72). Diese Rolle kann Kinder überlasten und ihr Wohlbefinden beeinträchtigen.

Loyalitätskonflikte

Schaffen es getrennte Eltern nicht ausreichend, ihre Konflikte zu lösen oder sie wenigstens vor dem Kind nicht zu zeigen, so rutschen Kinder in Loyalitätskonflikte: Sie haben beide Eltern gern, erleben aber Belastungen, zum Beispiel durch kritische Äußerungen eines Elternteils über den anderen (Weber, 2012, S. 99). Nicht wenige Kinder entlasten sich dadurch, dass sie den Kontakt zu einem Elternteil vermeiden oder sich dagegen verwehren, um den Preis des Verlusts einer wichtigen Bezugsperson, andere entwickeln eher Belastungssymptome oder ziehen sich zurück.

Der eigene Platz im Familiengefüge

Manchen Kindern fällt es schwer, ihren Platz in einem neuen Familiengefüge zu finden, besonders wenn die Veränderungen groß sind: Das älteste Kind hat plötzlich ältere Stiefgeschwister, das an Ruhe gewöhnte Einzelkind ist plötzlich in zwei turbulenten Patchworkfamilien zu Hause, die Mama ist kaum noch in der Mutterrolle, sondern eher in der einer verliebten Frau. Hier gilt es, gemeinsam zu schauen, wie die Übergänge für die Kinder erleichtert werden können, welche Rollen vielleicht anders zu gestalten sind.

Die systemische Beratung

4 Alleinerziehende Eltern in der systemischen Beratung

Unsere Lebenswelt im Außen wie im Innen ist ständig in Veränderung, Wandel, Entwicklung. Um überleben zu können, sind wir bemüht, eine gewisse Stabilität (und somit Ordnung) und zumindest die Illusion einer Vorhersagbarkeit zu erzeugen (v. Schlippe u. Schweitzer, 2019, S. 75). Bei größeren Veränderungen des Lebenskontextes oder der persönlichen Situation (z. B. einer Elterntrennung) kann es passieren, dass die von uns erlernten, eingeübten und vorher vielfach auch erfolgreich genutzten Reaktions-, Verhaltens- und Kommunikationsmuster zur Herstellung der besagten Stabilität nicht mehr ausreichen. Manchmal ist es auch die schiere Anzahl von Veränderungen, die alle gleichzeitig passieren und zu einer Überlastung des Systems führen. Ist eine Veränderung selbst gewählt, mag Freude, Offenheit und Neugier das Hineinwachsen erleichtern. Geschieht die Veränderung aufgrund der Entscheidung anderer, binden Wut, Enttäuschung, Trauer, Angst oder Unsicherheit erst einmal die Kraft, die für die neue Situation nötig ist. In solchen Situationen suchen Menschen Unterstützung.

4.1 Themen alleinerziehender Eltern

Viele Themen, die alleinerziehende Eltern in eine Beratung führen, unterscheiden sich im Grunde nicht von denen anderer Eltern: Wie gelingt es, meine Kinder gut zu erziehen, zu begleiten, zu unterstützen und wie bekomme ich Haushalt, Arbeit, Kindererziehung und die eigenen Bedürfnisse nach Entspannung und Freizeit in eine Balance, wie lässt sich eine Partnerschaft erfüllend und unterstützend gestalten, wie löse ich Konflikte mit meinen Mitmenschen, wie grenze ich mich von den Erwartungen meines Umfelds ab, setze meine Lebens- und Erziehungsvorstellungen durch, wie werde ich selbstbewusster, wie kann ich mich stärken oder wie finde ich Unterstützung? Dazu gesellen sich spezifische Fragen, die alleinerziehende Eltern in die Beratung mitbringen.

Unausweichlich – die Auseinandersetzung mit dem anderen Elternteil

Alleinerziehende Eltern sehen sich nach einer Trennung vom anderen Elternteil vor der Herausforderung, zum einen die Trennung selbst zu verarbeiten, zum anderen auch die noch aus der Partnerschaft herrührenden Fragestellungen, Gefühle und Konflikte von denjenigen Themen zu trennen, die sie nun als Eltern mit Blick auf das Wohl ihrer Kinder zu bewältigen haben. Ein wichtiges Anliegen ist die Erarbeitung guter Elternschafts- und Umgangsmodelle und die Entwicklung neuer Konfliktstrategien mit dem getrennten Elternteil. Dazu gehört auch das Durchsetzen oder Zulassen berechtigter Ansprüche. Häufig wird auch die Auseinandersetzung mit inneren Anteilen, Verhaltensweisen und Eigenschaften des anderen Elternteils, die sich im Kind manifestieren und zeigen, thematisiert.

Eine andere Situation ergibt sich, wenn ein Elternteil verstirbt. Auch hier verändert das Geschehen die ganze Familie nicht nur äußerlich, sondern in hohem Maß auch innerlich. Der Tod ist im Vergleich zur Trennung noch eine ganz andere existenzielle Erfahrung, zumal der Sterbefall, wenn die Familie noch jung ist, meist zu einer unerwarteten Zeit kommt – etwa durch eine mehr oder weniger lang andauernde Krankheit oder einen Unfall. Daher ist das Leben dann meist viel stärker durch Trauerprozesse bestimmt. Diese können bei Erwachsenen und Kindern sehr unterschiedlich verlaufen – abhängig davon, wie langwierig, wie quälend oder akut der Todesfall eintrat (Haagen, 2019). Selbst wenn der noch lebende Elternteil sich bemüht, seine eigene Trauer nicht zu sehr zu zeigen, um die Kinder nicht übermäßig zu belasten, spüren diese den Schmerz. Häufig versuchen Kinder, es ihren Eltern leichter zu machen, fühlen sich vielleicht verantwortlich und versuchen, den verstorbenen Teil zu ersetzen, indem sie dessen Rolle zu übernehmen versuchen. Das kann sie überfordern und es erschweren, ihre eigene Trauer um den Verlust zu verarbeiten. Die Verstorbene bleibt auf eine andere Weise in der Familie präsent: Sie »hinterlässt ein normatives Vermächtnis, dem sich die Restfamilie verpflichtet fühlt« (Goldbrunner, o. J.): Es gibt keine alltäglichen Spannungen um Besuchsregelung oder Umgangsfragen, keine Fortsetzung eines ungelösten Konfliktes auf dem Rücken der Nachkommen. Stattdessen kann es geschehen, dass der Verstorbene idealisiert wird, ohne dass diese Idealisierung durch Alltagserfahrungen eine Korrektur erfährt (z. B.: »Papa hätte mir das sicher erlaubt ...«). So kann er auch lange nach dem Tod »als eine Art Leitbild in der Familie imaginär anwesend sein«. Die Verstorbene bestimmt das Familienleben in einer Form mit, auch wenn dies für die aktuelle Situation schon lange nicht mehr adäquat ist (Goldbrunner, o. J.).

Einige beispielhafte Anliegen aus der Beratung alleinerziehender Elternteile finden sich im Folgenden:

Unser Sohn begehrt so stark gegen mich auf, egal was ich mache. Ich habe das Gefühl, er gibt mir die Schuld an der Trennung. Vielleicht redet das ihm sein Vater ja auch ein.

Was sage ich meiner Tochter, wenn sie nach ihrer Mutter fragt? Ich kann ihr doch nicht sagen, dass ihre Mutter wegen ihrer Drogensucht nicht für sie da sein kann?

Mein getrennter Mann will unbedingt das Wechselmodell für die Kinder. Ich glaube nicht, dass das gut ist, besonders für den Kleinen, der Veränderung nicht mag. Mein Exmann lässt aber nicht locker!

Wenn mein Sohn wütend wird, guckt er genauso wie mein Mann damals, wenn er wütend wurde. Ich bekomme es dann richtig mit der Angst zu tun und gebe nach. Ich habe solche Angst, dass er genauso wird wie er!

Immer, wenn meine Tochter vom Papa kommt, ist sie völlig übermüdet. Er hält sich gar nicht an den Tagesablauf, den die Kleine braucht.

Ich weiß nicht, ob ich wirklich den Unterhalt für mein Kind einfordern soll. Mein Mann hat mich bei der Trennung ausgelacht und gemeint, ich würde das nie allein schaffen … Gebe ich ihm damit nicht recht?

Mein Sohn ist immer noch stark belastet durch den Tod seines Papas. Aber ganz oft beruft er sich auch auf ihn, sagt, Papa hätte ihm mehr erlaubt. Ich weiß gar nicht, wie ich damit umgehen soll. Ich will ihn ja nicht zusätzlich belasten, aber ich muss doch auch mal »Nein« sagen dürfen …

Ressourcenknappheit – Zeit, Geld, Flexibilität in der beruflichen Entwicklung

Viele der weiteren Probleme alleinerziehender Eltern hängen mit den oben erläuterten äußeren Rahmenbedingungen der Verfügbarkeit von Zeit, Geld und beruflichen Möglichkeiten und Perspektiven zusammen.

Wenn ich den neuen Job annehmen würde, könnte ich mehr verdienen. Aber wer soll dann auf meine Kinder aufpassen, wenn ich Spätschicht habe? Auf meine Exfrau kann ich nicht zählen …

Ich würde gern näher an meinen Arbeitsort heranziehen, um mehr Zeit für die Kinder zu haben. Aber dann können der Vater und ich das Wechselmodell nicht mehr so einfach ausüben, daher stimmt der Vater einem Umzug nicht zu. Wie kann ich ihn überzeugen, dass es dennoch für alle besser wäre?

Es ist furchtbar, aber für jede zusätzliche Ausgabe muss ich zum Amt rennen, Klassenfahrten, Musikschule ... ich schäme mich dafür, aber es geht nicht anders, solange ich diese Umschulung mache. Wie kann ich damit besser klarkommen?

Ich fühle mich so schlecht. So viele Wünsche der Kinder muss ich ihnen abschlagen. Jetzt ist auch noch die Miete gestiegen. Aber die Kids wollen und wollen. Wie kann ich ihnen begreiflich machen, dass es nicht geht?

Die Schule hat Bescheid gegeben, dass die Kinder mit den Noten abgesackt sind. Ich habe aber schlichtweg keine Zeit, jeden Tag ihre Hausaufgaben nachzukontrollieren. Wie kann ich den Kindern dabei helfen, selbstständiger zu werden?

Auf die neue Leitungsposition brauche ich mich gar nicht erst bewerben ... die da anfallenden Überstunden könnte ich nie leisten, weil ich niemanden habe, der dann die Kinder nimmt. Das weiß mein Chef auch. Ich bin so frustriert und merke, dass ich manchmal innerlich den Kids die Schuld gebe ... aber die können nun wirklich nichts dafür. Wie komme ich besser mit der Situation zurecht?

Abhängigkeit von Verwandten und Freunden –
Gefühle, Sorgen und Ängste

Wie oben beschrieben, ist ein funktionierendes soziales Unterstützernetzwerk hilfreich, kann aber auch Konflikte hervorbringen, die Erziehungsfragen, Selbstbewusstsein und zwischenmenschliche Beziehungen betreffen können.

Seit ich meine Mutter um Unterstützung mit den Kindern gebeten habe, hat sich unser Verhältnis verschlechtert. Ich habe Sorge, dass wir uns ganz verstreiten und ich dann nicht mehr auf sie zurückgreifen kann. Wie kann ich ihr denn anders begegnen, ohne alles so zu machen, wie sie es will?

Ich bin darauf angewiesen, dass meine Ex-Schwiegermutter zweimal die Woche die Kinder abholt. Aber die gibt den Kids ständig Süßigkeiten. Wenn ich sie dann abhole, sind sie total aufgedreht. Ich habe ihr schon oft gesagt, dass ich das nicht will, aber sie macht es trotzdem. Was kann ich noch tun?

Dass ich ständig andere um Hilfe bitten muss, ist mir richtig unangenehm. Ich war immer so stolz auf meine Unabhängigkeit, jetzt fühle ich mich schwach, weil ich es nicht allein schaffe, fast so, als würde ich mich selbst dafür verachten. Ich will meiner Exfrau unbedingt zeigen, dass ich das genauso gut kann wie sie!

Komplexe Situationen – Neue Patchworkkonstellationen und Beziehungen

Gehen getrennte Eltern neue Partnerschaften ein, verändert sich das Familiengefüge und jedes Mitglied muss seinen Platz neu finden. Das kann viel Positives bringen, aber auch Konflikte und Ängste auslösen.

Die Freundin meines Exmannes ist immer viel zu nett zu den Kindern ... ich habe Angst, dass sie sie eines Tages lieber als mich haben könnten.

Unser Sohn haut seinen kleinen Bruder ganz oft. Manchmal denke ich, das macht er, weil er eifersüchtig ist. Schließlich leben wir mit dem Papa des Kleinen zusammen, während der Große seinen Papa nur selten sieht. Dabei gibt sich mein Mann sehr Mühe, beide Kinder gleich zu behandeln. Was können wir noch machen?

Ich glaube, meiner Tochter geht es bei ihrem Vater gerade nicht so gut. Sie muss sich jetzt neuerdings ein Zimmer mit ihrer Stiefschwester teilen und ständig schreit das Baby. Ihr Vater hat kaum noch Zeit für sie allein, dabei freut sie sich die ganze Woche auf ihn. Ich verstehe ihn ja auch, er gibt sich schon Mühe, aber Zeit mit ihr allein nimmt er sich trotzdem nicht. Wie kann ich denn meine Tochter trösten, ohne negativ über den Vater zu reden?

Ich gerate ständig zwischen die Fronten: Mein Sohn will das eine, mein Freund das andere. Und beide sind böse auf mich, wenn ich mich für die Idee des anderen entschiede! Wie komm' ich da bloß raus?

Fehlende Partner:innen – der Mangel an Entlastung, Spiegelung, Kritik und Unterstützung

Durch das Fehlen einer Partnerin entsteht häufig ein Mangel an entlastenden Momenten und Ruhephasen, gleichzeitig gibt es oft keine Möglichkeit der Reflexion durch den Konterpart; so ist es schwieriger, konstruktive Aspekte im Umgang mit neuen Entwicklungsphasen, anspruchsvollen Alltagssituationen oder der eigenen Rolle zu finden – Spiegelung, konstruktive Kritik und hilfreiche Unterstützung sind rar.

Ich weiß, man soll seine Kinder nicht anschreien, aber manchmal, nach so einem langen Tag, weiß ich mir einfach nicht mehr zu helfen, wenn meine beiden Jungs ständig streiten. Wie kann ich denn mit solchen Situationen anders umgehen? Ich kann ja schlecht sagen: »Ich geh mal kurz an die frische Luft«, ich kann die Kids ja nicht allein lassen …

Mein Sohn ist mittlerweile so groß. Wenn er sich vor mir aufbaut, weiß ich nicht mehr, was ich sagen soll. Ich habe richtig Angst vor ihm. Bei seinem Vater traut er sich das nicht, aber der ist ja nicht hier. Eigentlich wäre es besser, wenn er zu seinem Vater ziehen würde, ich weiß aber nicht, ob ich das einfach so durchsetzen kann …

Die Kleine hat ständig diese Wutausbrüche, wenn es nicht nach ihrer Nase geht. Während der Trennung habe ich bestimmt mehr nachgegeben, ich hatte einfach so ein schlechtes Gewissen, weil ich ihr den Papa weggenommen habe, da wollte ich, dass sie es schön hat. Aber so geht das auch nicht mehr weiter. Ihr Papa meint, bei ihm wäre das nicht so. Kann das stimmen? Und was kann ich tun?

Kinder und die Lebenssituation – besondere Themen
Kinder können auf vielfältige Weise Schwierigkeiten beim Hineinwachsen in die neue Lebenssituationen zeigen. Viele leiden lange unter der Elterntrennung, manche wollen nicht oder mehr zum anderen Elternteil, andere lehnen den neuen Lebenspartner oder die neue Lebenspartnerin ab.

Mein Sohn will nicht mehr zu seinem Papa. Der war ja schon immer ein bisschen strenger, besonders bei den Schulsachen, und jetzt meint mein Sohn, dazu hätte er keine Lust mehr. Bei mir würde es entspannter laufen und er würde sein Schulzeug trotzdem schaffen. Er sei ja nun auch 13 und dürfe doch selbst entscheiden. Sollen wir den Wünschen meines Sohnes nachgeben? Mein Exmann ist da bestimmt dagegen ...

Meine Tochter weint ständig, besonders wenn es in den Kinderfilmen kein Happy End gibt. Dann muss ich sie lange trösten. Dabei war sie früher so fröhlich. Unsere Trennung ist doch jetzt schon zwei Jahre her, aber ich habe das Gefühl, sie leidet immer noch darunter.

Unser Sohn pullert nachts wieder ein, dabei war er schon drei Jahre trocken. Liegt das an der Trennung oder steckt etwas anderes dahinter? Mein Ex und ich machen uns da Sorgen, waren auch schon beim Kinderarzt ... der meint, das sei psychisch ...

Ich glaube, mein Sohn kann meine neue Freundin nicht leiden. Immer wenn die zu Besuch ist, ist mein Sohn besonders bockig. Auch guckt er sie immer ganz böse an. Meine Freundin gibt sich viel Mühe, aber ich merke, wie sie das wurmt. Was kann ich denn machen, dass die beiden sich aneinander gewöhnen?

Weitere emotionale Themen – Schuld, Trauer, Überlastung

Gefühle von Schuld gegenüber den Kindern (wegen der Trennung, weil zu wenig Zeit für sie da ist, etc.), die Trauer um den Verlust (der Idee) der sogenannten heilen Familie, das Gefühl von Überlastung, kaum Zeit für sich zu haben und dennoch einsam zu sein oder Wunsch nach Intimität und Schwierigkeiten beim Finden neuer Partner:innen aufgrund der Situation sind einige emotionale Themen, die alleinerziehende Elternteile häufig in die Beratung mitbringen.

Ich frage mich ständig, ob ich das Richtige getan habe, mich vom Vater zu trennen. Für mich war es gut, ich war so unglücklich mit ihm, aber für die Kinder? Ich bin ja selbst Trennungskind und fand das schlimm damals. Und jetzt tu' ich das meinen Kindern auch an. War ich zu egoistisch? Darüber grüble ich ständig nach und kann nicht schlafen, was kann ich denn da machen?

Die Kleine tut mir echt leid. Sie braucht doch eine Mutter. Aber ich kann ja keine herzaubern. Wir müssen jetzt klarkommen, ihr Bruder, sie und ich. Aber es macht mich so fertig, sie so zu sehen, Was mach' ich denn jetzt bloß?

Immer wenn ich die Familie X. sehe, versetzt es mir einen Stich. Die sind alle so glücklich und die Kinder wachsen so behütet auf. Ich mag gar nichts mehr mit heilen Familien zu tun haben, weil wir nicht mehr heil sind! Obwohl mein Kopf weiß, dass das Quatsch ist, das Gefühl ist halt so! Wie komme ich denn da wieder raus?

Ich bin völlig fertig! Job und die Kids und den Haushalt machen und kaum 'ne Pause. Ich hätte gern 'ne neue Freundin, aber wo soll ich die denn herbekommen? Beim Fußballtraining sind auch nur Männer, und wenn wir danach noch was Trinken gehen wollen, bin ich um zehn schon todmüde und muss nach Hause. Ich habe schlichtweg keine Kraft, eine Frau kennenzulernen, auszugehen und so. Am besten, man macht schnips und sie ist schon da, hilft mir mit den Kids und dann sitzen wir gemütlich auf dem Sofa. Alleinsein ist nicht meins. Was kann ich denn anders machen?

In der Themenklärung kann sich herausstelle, dass neben einem Beratungsangebot (manchmal auch stattdessen) auch weiterreichende Hilfsangebote erforderlich sind, wie zum Beispiel:
- Unterstützung bei der Klärung finanzieller Probleme wie Unterhaltszahlungen, staatliche Leistungen, Notlagen. Hier kann es hilfreicher sein, die Ratsuchenden an Familienanwältinnen, Unterhaltsstellen in den Jugendämtern, Beratungsstellen in den Bürgerämtern und Jobcentern, Schuldnerberatungsstellen o. Ä. zu verweisen.
- Finden von Unterstützung im Rahmen der Jugendhilfe wie Erziehungsbeistände oder Tagesgruppen durch den allgemeinen Sozialdienst des Jugendamtes.
- Diagnostik spezieller Besonderheiten der Kinder, die für die Schule oder spezielle Fördermaßnahmen benötigt wird, durch Klinikambulanzen, sozialpädiatrische Zentren oder niedergelassene Kinder- und Jugendpsychotherapeuten.
- Unterstützung bei Ambivalenzen bezüglich einer Schwangerschaft durch entsprechende Beratungs- und Schwangerschafts-Konfliktberatungsstellen.

In Übergangssituationen ist der Beratungsbedarf besonders oft besonders hoch. Das betrifft sowohl den Übergang in das Leben als alleinerziehender Elternteil nach einer Trennung oder nach Versterben des anderen Elternteils, den Übergang vom Single zum alleinerziehenden Elternteil bei bewusst gewählter Solo-Elternschaft, als auch Übergänge, wenn sich Bedingungen des Lebensumfeldes wandeln. Dies können Veränderungen der Umgangsregelung mit dem anderen Elternteil, der Wechsel oder die Aufnahme einer Erwerbsarbeit, der Wegfall wichtiger Unterstützungspersonen, das Eingehen einer neuen Partnerschaft und vieles mehr sein. Auch wenn Kinder oder Eltern in neue Entwicklungsphasen eintreten, zum Beispiel Kinder in die Schule oder in die Pubertät kommen, entstehen sehr häufig herausfordernde Situationen. Suchen alleinerziehende Eltern in diesen Phasen Beratung, so werden Berater:innen nach meiner Erfahrung für eine Weile Teil des sozialen Netzwerks. Gerade wenn Familiensysteme schmerzvoll auseinandergebrochen sind, sich vielleicht sogar Lager gebildet haben oder viele Bezugspersonen nicht mehr gut erreichbar sind, kann eine neutrale, wertschätzende und Zuversicht vermittelnde Person Halt geben und Impulse setzen, bis sich bei den Eltern ein relatives inneres oder äußeres Gleichgewicht wiederhergestellt hat und neue Wege, Bewertungen und Bewältigungsmuster gefunden sind.

Fallbeispiel: Frau M wächst in die Elternrolle hinein

Frau M. meldete sich in der Beratung an mit dem Thema, dass sie mit ihren zehn Monate alten Zwillingen dringend Unterstützung bräuchte. Sie sei allein mit ihnen, lebe noch im Haus ihrer Eltern, möchte dort aber möglichst bald ausziehen. Frau M. berichtete zuerst, wie sie in diese Situation geraten war. Sie sei mit 26 Jahren ungeplant schwanger geworden. Damals hätte sie gerade studiert und mit ihrem 24-jährigen Partner Herrn B. in einer WG gelebt. Herr B. hätte sich allerdings nicht vorstellen können, Vater zu werden. Er wäre selbst in einem Heim aufgewachsen, und hätte das Thema Familiengründung völlig abgewehrt und versuchte, Frau M. zu einem Schwangerschaftsabbruch zu überreden. Dies habe sie nicht gewollt, habe sich alt genug gefühlt, Verantwortung zu übernehmen, obwohl sie sich selbst auch nicht wirklich als Mutter habe vorstellen können. Im Laufe der Schwangerschaft habe sich Herr B. immer mehr von ihr entfernt, hätte viel getrunken und sei oft mit seinen Freunden rumgezogen. Versuche, zu reden, habe er abgeblockt. Als bei einer Ultraschalluntersuchung klar wurde, dass sie Zwillinge bekommen würden, hätte sich die Situation noch verschlimmert, er sei tagelang einfach weggeblieben. Schließlich habe Frau M. sich von ihm getrennt und sich entschlossen, vorerst zurück zu ihren Eltern in eine 40 km vom Studienort L. entfernte Kleinstadt zu ziehen. Die Eltern hätten ihr angeboten, erst einmal zu ihnen zu ziehen und die Kinder zur Welt zu bringen, dann würde man weitersehen. Die Eltern haben in ihrem Haus genug Platz für sie alle. Herr B. habe sich die ganze Zeit über nicht bei Frau M. gemeldet. Nachdem Frau M. das Zwillingspärchen Lillie und Max zur Welt gebracht hatte, habe sie Herrn B. darüber informiert und auch, dass sie gern das alleinige Sorgerecht für die Kinder hätte. Herr B. habe dem zugestimmt. Eine Weile wäre es dann recht gut gelaufen bei ihren Eltern, aber nun müsse sich dringend etwas ändern, denn so ginge es nicht weiter. In dem bisher recht sachlich verlaufenden Gespräch war das die Eröffnung, das *Problempaket* zu entpacken. Mit einer Frage wie: »Was genau geht so nicht mehr, muss also irgendwie anders gehen?« gebe ich die Einladung zur Ausbreitung der Themen. Nach meiner Erfahrung sind es oft sehr viele verschiedene Themenbereiche, die miteinander verwoben sind. Im Hintergrund der neugierigen, offenen und wertschätzenden systemischen Gesprächshaltung laufen die klassischen Problemfelder alleinerziehender Elternteile mit: Geld, Zeit für die Kinder und für sich, Mental Load, die Beziehung zum anderen Elternteil, soziale Netzwerke, neue Partnerschaften, gesundheitliche Aspekte. Aus Frau M. sprudelt es nun nur so heraus, neben dem Auszugswunsch ist es die Sorge, mit den Kindern allein nicht zurechtzukommen, die Auseinandersetzung mit den eigenen Eltern, die ihr dauernd in die Erziehung und auch in ihre Lebensführung reinreden wollen, ihre Einsamkeit und das Fehlen von Sozialbeziehungen zu Gleichaltrigen. Daneben stehen Themen wie die Unter- und gleichzeitige Überforderung durch die aktuelle Hausfrauen- und Mutterrolle, die Sehnsucht nach einem neuem Partner und die Frage, wie sie sich verhalten solle, weil der Vater nun doch angefragt hätte, ob er die Kinder einmal kennenlernen könne. Zusätzlich sei sie so furchtbar erschöpft, habe ständig Kopfschmerzen und schlafe schlecht. Das liege natürlich auch daran, dass die Kinder noch nicht durchschliefen und noch gestillt werden würden. Deutlich wird, dass die Themen, die Frau M. belasten, weniger mit ihrem Umgang mit Kindern als mit den Rahmenbedingungen zu tun haben. Nun lenke ich den Fokus auf Dinge, die gut laufen, bei denen es keine Sorgen gibt. Frau M. benennt hier die finanzielle Situation, sie bekomme Elterngeld, Kindergeld und Unterhaltsvorschuss vom Staat, da der leibliche Vater ja als Student noch kein Einkommen habe. Da sie mietfrei bei ihren Eltern wohne, käme sie sehr gut zurecht, könne sogar ein bisschen Geld für ein Auto sparen. Die Eltern würden sie, trotz aller Streitthemen, schon sehr entlasten, sie würden zusammen essen, ihre Mutter übernehme das Kochen, sie könne abends einmal die Woche zum Sport gehen und ab und zu samstags in ihre Studienstadt L. fahren, um mit einer Freundin bummeln zu gehen. Die Kinder liebten ihre Großeltern und blieben gern bei ihnen. Sie habe auch einen Betreuungsplatz in einer Kita für die Kinder sicher, der starten würde, wenn die Kinder ein Jahr alt wären. und sie konnte mit der Uni abklären, wie sie dann ab dem nächsten Semester, wenn die Kinder tagsüber in der Kita wären, ihr Studium fortsetzen könne. Der Blick auf die gelingenden Lebensbereiche konnte Frau M. etwas Entlastung verschaffen und Zuversicht bringen, dass auch die anderen Themen bewältigbar sein würden.

4.2 Methoden und Haltungen

Die methodische Vielfalt systemischer Beratung ist groß, aber nichts ohne die zu Grunde liegende Beratungshaltung. Zu dieser gehören neben Respekt und Neugier und einer klaren Orientierung an den Erwartungen und Aufträgen der Klient:innen eine pragmatische, lösungsorientierte Herangehensweise und eine Haltung des »Nicht-Wissens« und »Nicht-zu-schnell-Verstehens«, um Zeit für die Entwicklung der Beratungsbeziehung zu geben (v. Schlippe, 2021, S. 318). Auf Basis dieser inneren Haltung ergeben sich Methodenideen, die möglicherweise die entscheidende Irritation, Perspektivänderung, Neubewertung bringen. Die Grundrichtung des Inhalts ist im Beratungsauftrag enthalten, alles andere häufig beraterische Intuition. Im Folgenden stelle ich ein paar gut bewährte Ansätze zur Auseinandersetzung mit wichtigen Themen alleinerziehender Eltern vor.

Anerkennen, was ist

Häufig ist es nicht ein einzelnes Thema, welches alleinerziehende Eltern in eine Beratung führt, sondern eine Vielzahl von kleineren und größeren Belastungen, die sich durch eine zusätzliche Veränderung nicht mehr ausreichend gut mit den bisher zur Verfügung stehenden Strategien bewältigen lassen. So kann es passieren, dass eine erste Beratungsstunde damit gefüllt ist, all die Informationen über die kleinen und großen und alten und neuen Baustellen aufzunehmen und zu sortieren, sich als Beraterin gemeinsam mit dem Elternteil einen Überblick zu verschaffen. Dabei hilft es, allen Themen und Lösungsversuchen der Eltern mit Wertschätzung, Offenheit und Neugier zu begegnen und gleichzeitig kleine Strukturierungs- und Ordnungshilfen einzusetzen. So können alle zum Familiensystem gehörenden Familienmitglieder bereits in einem schnell skizzierten Genogramm erfasst und die Problembereiche und Themen auf Karten notiert werden. Insgesamt geht es darum, sich ein Bild darüber zu verschaffen, wie der Elternteil die Welt wahrnimmt, wie er sich die Schwierigkeiten erklärt und was er bereits versucht hat, um diese zu verändern, was vielleicht auch gut läuft und schon geschafft wurde und wer oder was im Umfeld als hilfreich wahrgenommen wird. Dazu gibt es eine Vielzahl hilfreicher Fragen, zum Beispiel nach Ressourcen, nach Ausnahmen von geschilderten Problemen oder unterschiedlichen Bewertungen (v. Schlippe u. Schweitzer, 2013, S. 146 ff.). Die Anerkennung der Schwierigkeit der Situation sollte genauso Platz haben wie die Idee, dass man diese auch aus einem ganz anderen Blickwinkel betrachten, anders bewerten könne und schließlich auch, dass Veränderung möglich ist. Abbildungen 1 und 2 zeigen ein schnell skizziertes Genogramm und die Themenkartensammlung vom Familiensystem Frau M. aus dem Fallbeispiel oben, das im weiteren Verlauf fortgeführt wird.

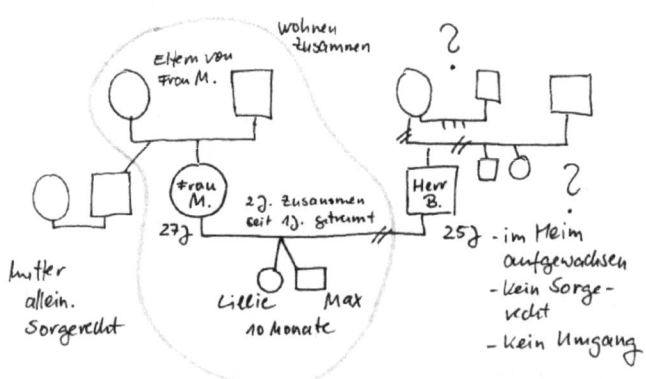

Abbildung 1: Schnell skizziertes Genogramm der Familien von Frau M.
Quelle: eigene

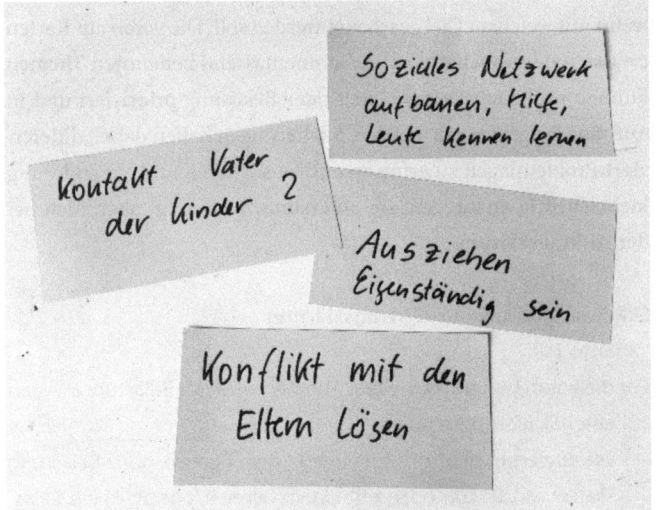

Abbildung 2: Themenkarten-Sammlung Frau M. Quelle: eigene

Auftragsklärung

Ziel einer ersten systemischen Sitzung ist es in der Regel, ein gemeinsames Arbeitsbündnis zu finden, d. h. aus den Beratungserwartungen der Klient:innen handhabbare Arbeitsaufträge und Beratungsziele zu generieren. Dabei macht es Sinn, auch mögliche Erwartungen anderer Mitglieder des (Familien-)Systems zu hinterfragen und mitzudenken (v. Schlippe u. Schweitzer, 2019, S. 68). Es gibt eine Reihe systemischer Fragen, die Klient:innen und Berater:innen helfen, den Weg von der Schilderung der Probleme hin zu einer Auftragsklärung zu finden. Mit komplexen Fragen wie: »Was müsste passieren, dass Sie, wenn Sie Ihre Beratung hier irgendwann beenden, sagen würden: Das war eine erfolgreiche Beratung?« oder auch einem schlichten »Und was glauben Sie, wie kann ich Ihnen helfen?« soll der Fokus darauf gelenkt werden, an welchen Themen wann mit welchem Ziel gearbeitet werden soll. Die vorab auf Karten erfassten oder noch einmal zusammenfassend benannten Themen können nun nach Dringlichkeit oder Belastung priorisiert und in Aufträge umgewandelt werden. Skalierungen helfen dabei, differenziert Problemlagen zu erfassen und zu sortieren und Veränderung kleinschrittig anzuregen, sie unterstützen wie folgt aber auch bei der Auftragsklärung.

Skalierungen bei der Auftragsklärung:
Variante 1:
Für die vorab herausgearbeitete Themen wird das Belastungsniveau auf einer Skalierung erfasst,
- Skalenwert 6: sehr unzufrieden mit dem Bereich/hohe Belastung
- Skalenwert 0: zufrieden mit einem Bereich/positiv, keine Belastung

Nun schaut man gemeinsam, welcher Bereich bis zu welchem Wert verändert werden sollte und mit welchem Bereich gestartet werden kann.

Variante 2:
Themen werden nach Dringlichkeit in einer Skalierung eingeordnet:
- Skalenwert 6: hohe Dringlichkeit,
- Skalenwert 0: keine Dringlichkeit.

Mit Themen von hoher Dringlichkeit kann dann gestartet werden

Aus Frau M.s Themenbereichen wurden folgende Ziele und Beratungsaufträge formuliert:
- Ziel 1: Mit den Kindern in einer eigenen Wohnung leben und gut zurechtkommen

- ▶ Auftrag: Unterstützung beim Sortieren und Planen, welche Schritte in welcher Reihenfolge gegangen werden müssen, welche Fähigkeiten dafür erworben werden müssen, Stärkung des Selbstvertrauens
- Ziel 2: Vertrauensvolle Ebene und gute Absprachen mit den Eltern finden
  - ▶ Auftrag: Klarheit schaffen für das, was sie erreichen will:, sich eigener Werte bewusstwerden und diese Werte und Vorstellungen durchsetzen lernen, Kompromisse aushandeln lernen
- Ziel 3: Soziales Netzwerk ausbauen
  - ▶ Auftrag: Ideen sammeln, Wege besprechen, Hemmnisse ablegen, um Netzwerke aufzubauen und zu nutzen
- Ziel 4: Ein gutes Arrangement mit dem Vater der Kinder finden
  - ▶ Auftrag: Ambivalenz klären, ob, und wie weit sie sich auf seine Anfrage einlassen solle, trennungsbezogene Gefühle verarbeiten.

Frau M. sortiert ihre Aufträge nach Dringlichkeit, indem sie sie auf einer auf dem Boden des Beratungsraums angeordnete Skala einordnet. Der Vorschlag lautet, dass Aufträge höchster Dringlichkeit am nächsten bei ihr liegen sollen, Aufträge geringerer Dringlichkeit weiter von ihr weg. Dabei stellt sie fest, dass es für sie von höchster Dringlichkeit ist, die Beziehung zum leiblichen Vater zu klären (Abb. 3).

Bei der Auftragsklärung ist Raum für die Artikulierung von Wünschen, Bedürfnissen, Ängsten und Befürchtungen. Sie beinhaltet die Suche nach einem Ziel, einem Lösungsbild und kann Hoffnung und Zuversicht generieren. Die Visualisierung eines Ziels mit all seinen Farben und Facetten, Gefühlen und Gedanken kann dabei hilfreich sein. Zielorientiertes systemisches Arbeiten folgt der Idee der kleinen Schritte, der portionierten Aufträge, des Credo des »ein Schritt nach dem anderen«.

Abbildung 3: Skalierung von Zielen. Quelle: eigene

Wichtig ist, klar zu sortieren, welche Aufträge als Berater:in im eigenen Rahmen und Arbeitssetting angenommen werden können, welche modifiziert oder auch abgelehnt oder abgegeben werden müssen. Die gefunden Arbeitsaufträge bestimmen das Setting der Beratung. Im Rahmen systemischer Beratung gibt es eine Vielzahl an Möglichkeiten:

- Einzeltermine, um den alleinerziehenden Elternteil zu unterstützen, den eigenen Selbstwert zu stärken, Erziehungskompetenz zu fördern oder Entscheidungen zu begleiten,
- Beratungen gemeinsam mit dem getrennten anderen (und häufig auch sehr kooperativen) Elternteil, um zum Beispiel die Elternbeziehung zu verbessern, eine (neue) Betreuungsvariante auszuhandeln oder Belange der gemeinsamen Kinder zu klären,
- Familiensitzungen, um ein positives Miteinander zu fördern und Regeln und Absprachen neu auszuhandeln,
- Paargespräche mit neuen Partner:innen, um Themen und Ambivalenzen der Beziehung und Familienrollen bewusst zu machen und zu klären,

- Termine mit den Kindern, um sie in der Verarbeitung der Trennung und bei der Meisterung von Entwicklungsaufgaben zu unterstützen.

Mit Frau M. werden vorerst drei Einzelsitzungen geplant, eine erste, um sich ihrer Haltung gegenüber dem Vater ihrer Kinder bewusst zu werden und ein Gespräch mit ihm vorzubereiten, zwei weitere, um sie bei der Frage des Auszugs aus dem Elternhaus zu unterstützen, ihre Anliegen sortieren und planen zu helfen und dafür ihr Selbstvertrauen zu stärken und ihre Ressourcen zu fördern. Danach könnten sich auch ein Familiengespräch mit den eigenen Eltern oder ein Elterngespräch gemeinsam mit dem Vater der Kinder ergeben.

Neues lernen

Wie bewirkt man Veränderungen bei Klient:innen? Nach systemischer Auffassung sind Familien und alle anderen sozialen Systeme, aber auch Individuen an sich selbstorganisiert und eigendynamisch und können somit »nicht zielgerichtet beeinflusst werden«. Allerdings ist es »möglich, sie zu befördern, zu irritieren, zu bremsen oder zu erschweren.« (v. Schlippe u. Schweitzer, 2019, S. 74). Dafür gibt es günstigere oder ungünstigere Momente, da soziale Systeme zu verschiedenen Zeiten unterschiedlich stabil und damit unterschiedlich irritier- oder anregbar sind (v. Schlippe u. Schweitzer, 2019, S. 75). Neues lernen, sich innerlich neu zu organisieren, die eigenen Bewertungen und Erlebens- und Verhaltensweisen zu verändern, kann also jederzeit passieren, während Beratungsterminen oder auch in der Zeit zwischen diesen. Wann und wie eine Information als neu wahrgenommen wird und vielleicht einen Unterschied macht, ist nicht vorhersagbar. Ähnlich wie Samenkörner können manche neuen Ideen auch erst einmal im Inneren eines Systems verbleiben, ohne dass sich etwas verändert. Sie gehen dann zu einem späteren

Zeitpunkt auf und setzen Veränderungen in Gang. Das Ziel von systemischer Beratung ist demnach, Fragen zu stellen und Methoden anzubieten, die irritieren oder anregen, weil sie einen anderen Blickwinkel, eine andere Bewertung oder eine neue Information oder Erfahrung möglich machen. Die Basis dafür ist eine vertrauensvolle Beratungsbeziehung. Einige für diesen Prozess hilfreiche Methoden für alleinerziehende Eltern werden im folgenden Abschnitt des Buches beschrieben.

Ein anderer Rahmen für alleinerziehende Eltern, um Neues zu lernen, sind Gruppenangebote. Es gibt geleitete Gruppen, die neben Erfahrungsaustausch auch auf direkte Kompetenzvermittlung abzielen, aber auch Austausch- und Selbsthilfegruppen (Limmer, 2004, S. 164 ff.). Im Schutz einer Gruppe können sich Hilfesuchende ohne Handlungsdruck anregen lassen und neue Informationen aufnehmen. Die Erfahrungen und Erlebnisse, Tipps und Strategien der anderen Teilnehmer:innen und die Gruppenübungen sind wie ein Blumenstrauß, aus dem sich die Blüten raussuchen lassen, die gefallen. Und nebenbei kann man sich, wenn es passt, vernetzen, sozusagen das soziale Netzwerk um neue Mitglieder erweitern.

Beim nächsten Beratungstermin meint Frau M., dass es heute doch nicht wie geplant um ihr Verhältnis zum Kindsvater gehen solle. Das Gespräch mit ihm hätte sie doch nicht so lange aufschieben wollen und ihn schon angerufen. Sie hätten ausgemacht, dass sie und die Kinder nächsten Samstag ihre Freundin in L. besuchen würden und dass sie sich dann nachmittags im Park treffen könnten. Ihre Freundin wolle sie zum Treffen mitnehmen, sie würde sich dann etwas sicherer fühlen. Herr B. sei einverstanden gewesen. Beim heutigen Beratungstermin wolle sie über das Thema mit ihren Eltern reden. Sie habe nach unserem letzten Gespräch im Internet viel zum Thema alleinerziehende Eltern von Zwillingen gelesen, auch einige

Blogs angeschaut. Dabei sei ihr bewusst geworden, dass sie eigentlich großes Glück habe, so unterstützende Eltern zu haben. Eine Frage, die ich beim letzten Termin gestellt hatte, hat sie besonders beschäftigt: »Was denken Sie, wie würden Ihre Eltern das benennen, was sie tun, was sie (Frau M.) als reinreden bezeichnen?« Im letzten Beratungsgespräch konnte mir Frau M. darauf keine Antwort geben, aber ihr war inzwischen klar geworden, dass ihre Eltern ihr damit helfen, sie unterstützen wollen. Eigentlich wären sie schon immer so gewesen: überfürsorglich. Als Jugendliche hätte das Frau M. auch schon sehr gestört, daher war sie gleich nach dem Realschulabschluss ausgezogen, hatte sich eine Lehrstelle weiter weg gesucht. Dieser Fluchtimpuls habe bis vor unserem Gespräch wieder bestanden, sie hätte ständig den Drang verspürt, so schnell wie möglich wieder wegzuziehen. Aber nun bewerte sie das Verhalten ihrer Eltern anders. Es nerve sie zwar immer noch sehr, aber vielleicht gäbe es ja einen anderen Weg, damit umzugehen als zu *fliehen*. Ausziehen würde sie trotzdem gern, aber vielleicht mit mehr Ruhe und weniger Druck.

Ressourcenorientierung – Netzwerk und Selbstwert
Soziale Netzwerkkarten

Ein Teil der Ressourcenaktivierung kann sein, das soziale Unterstützungsnetzwerk zu fördern und zu aktivieren. Unterstützer:innen können dabei Personen aus dem privaten Umfeld (Verwandte, Freunde, Nachbarinnen, der andere Elternteil oder neue Lebenspartner:innen), aber auch Institutionen und Einrichtungen sein. Netzwerkkarten sind eine gute Möglichkeit, das eigene Unterstützungssystem für die einzelnen Lebensbereiche optisch abzubilden. Es gibt verschiedene Optionen, sie zu strukturieren. Sie können zum Beispiel für die einzelnen Belastungsbereiche in der Elternschaft erstellt werden. So wird deutlich, wer in den einzelnen Bereichen unterstützt und auch die subjektiv erlebte Nähe zu den Unterstützungspersonen wird erkennbar. Netzwerkkarten können auch nach anderen Kriterien strukturiert sein, zum Beispiel bietet sich machmal eine Unterteilung danach, welchem Lebensbereich Unterstützer:innen zugeordnet sind (Kernfamilie/erweiterte Familie/Freunde und Bekannte/ Professionelle Helfer/Unterstützung im Arbeitsumfeld) an.

Die Reflektion des Ist-Zustandes kann nach verschiedenen Kriterien erfolgen:

- **Inhalt:** Aus welchem Lebensbereich kommen meine Unterstützer?
- **Dichte:** Wie viele (starke oder schwächere) Unterstützungspersonen gibt es?
- **Erreichbarkeit:** Wie zuverlässig, wie schnell kann ich sie erreichen?
- **Passung:** Passen sie gut zu dem, was ich mir wünsche, was ich brauche, zu unserem Lebenskontext?
- **Wechselseitigkeit:** Inwieweit gibt die Beziehung eine Balance von Nehmen und Geben
- **Haltbarkeit:** Sind die Beziehungen krisenfest oder eher für »gute Zeiten«?

(s. a. Schwing u. Fryszer, 2018, S. 281)

Diese Reflexionen können Wünsche und Erwartungen bewusst machen, nach ungenutzten Ressourcen Ausschau halten und gezielte Veränderungen anregen.

Abbildung 4 zeigt die Netzwerkkarte von Frau M. im späteren Beratungsverlauf. Die Pfeile zeigen Veränderungswünsche. Vor allem möchte Frau M. ihre eigene Mutter aus vielen Bereichen etwas oder auch mehr herausrücken. Dies ist vor allem durch ihren Auszug aus dem Elternhaus erreichbar. Neu hinzu soll vorerst die Kita für den Bereich Kinderbetreuung kommen.

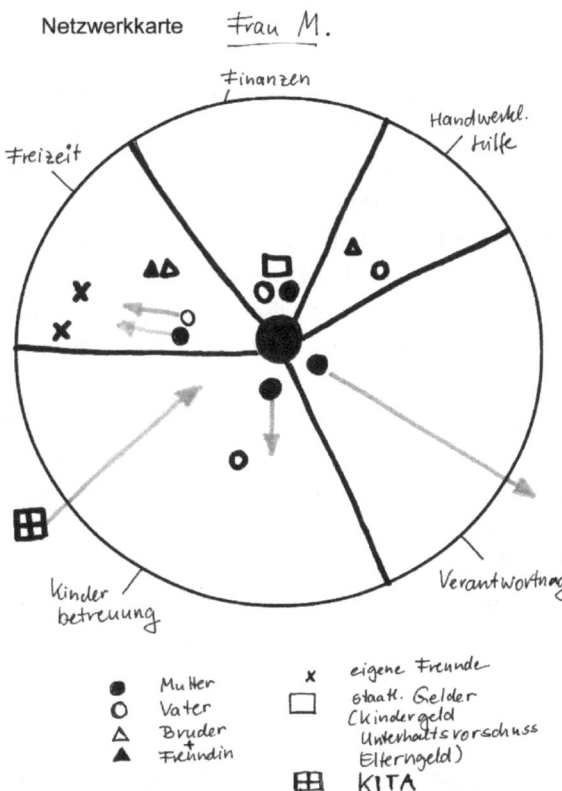

Abbildung 4: Netzwerkkarte aus der Beratung mit Frau M. Quelle: eigene

Fördern von Selbstwert und inneren Ressourcen

Ein anderer Weg, Ressourcen zu aktivieren, besteht darin, Eigenschaften, Stärken und Kräfte sichtbar zu machen, die einen Menschen bisher getragen und unterstützt und das eigene Leben bis zum heutigen Punkt haben meistern lassen. Eine geeignete Methode dafür ist die Arbeit mit dem Lebensfluss (entwickelt von Nemetschek, 2006). Zusätzlich bietet dieses Modell den Vorteil, dass es mit sinnlichen analogen Mitteln zügig einen Lösungsprozess einleitet und ganzheitlich begleitet (Nemetschek, 2006, S. 85). Eine Klientin legt den Verlauf ihres Lebens aus, verbildlicht durch ein Seil auf dem Boden des Beratungsraums. Geburt und der heutige Tag werden auf dem Seil markiert, das Lebens-Seil sollte aber auf alle Fälle über das Heute hinausgehend gelegt werden. Für wichtige Ereignisse, schöne und belastende, werden Symbole an den Lebensfluss gelegt. Gemeinsam mit der Berater:in durchschreitet die Klientin dann langsam und bewusst ihr bisheriges Leben, indem sie am Seil entlang geht. Schöne Ereignisse bilden Ressourcen, geben Kraft. An Stellen mit belastenden Ereignissen wird, nachdem das Ereignis berichtet wurde, danach gefragt, wie die Klientin es geschafft hat, dies zu überwinden, weiter zu leben, weiter zu gehen. Diese so gefundenen Eigenschaften, Kräfte, Haltungen, Unterstützer:innen und Lebensmottos werden auf Karten notiert, zeigen sie doch die Ressourcen, mit denen die Klientin Krisen besteht oder bestanden hat. Ein schönes Bild gibt es, wenn alle positiv bewerteten Momente und alle gefundenen Ressourcen mit einem Teelicht besetzt werden. Die Klientin kann dann, begleitet von ihren Ressourcen, symbolische Wege in die Zukunft ausprobieren oder aber, vom Heute oder auch aus der Zukunft heraus auf all die Lichter des eigenen Lebens zurückblicken. Abbildung 5 zeigt einen Teil des Lebensflusses mit Teelichtern von Frau M.

Abbildung 5: Lebensfluss mit Teelichtern. Quelle: eigene

Abbildung 6: Ressourcensammlung. Quelle: eigene

Die gefundenen Eigenschaften, Stärken und Lebensmottos, die als Ressourcen auf Karten notiert und mit Teelichtern und Symbolen besetzt wurden, können in der weiteren Beratungsarbeit eingesetzt werden (Abb. 6). Frau M. nimmt ihre Ressourcensammlung für eine kleine *Schatzkiste* mit nach Hause, in die sie an schlechten Tagen hineinschauen und sich an ihre Stärken erinnern kann.

Fallbeispiel und Übung: Frau O. legt ihr Gepäck ab

Imaginationsübungen ermöglichen durch die leichte Trance und Fokussierung der Klient:innen auf innere Bilder einen Zugang zu tieferem innerem Wissen. Es ist ein wenig so, als ob man nach tieferliegenden Schätzen – den verborgenen inneren Ressourcen – gräbt und somit intuitive Lösungsansätze befördert. Die unten beschriebene Übung *Gepäck ablegen* ist eine von vielen verschiedenen Imaginationsübungen von Reddemann (2001). Sie kann in Überlastungssituationen sehr hilfreich und anregend sein. Zum einen suggeriert sie die Möglichkeit einer Pause, des Ablegens von allem Ballast für einen Moment, eine von alleinerziehenden Eltern gern angenommene Intervention. Zum anderen eröffnet sie die Möglichkeit, spielerisch die Belastungsthemen (in der Übung das Marschgepäck) zu sortieren oder zu priorisieren (im Fallbeispiel von Frau O. auf der folgenden Seite sind dies die Steine im Rucksack). Eine dritte Komponente ist ein Hinweis auf Unterstützer:innen und Ressourcen in Form der *hellen und freundlichen Gestalt*, die ein Geschenk bringt und auch in Form des Geschenkes an sich.

»Stellen Sie sich vor, dass Sie auf einer langen Wanderschaft sind und mit viel Gepäck beladen … auf dieser langen Wanderschaft gelangen Sie zu einem Hochplateau, also zu einer Gegend, die flach, aber bereits in der Höhe ist. Und weil Sie jetzt einen Weg vor sich haben, der eben ist, wo Sie nicht mehr ansteigen müssen, können Sie ein wenig verschnaufen … Und in der Ferne sehen Sie etwas Helles, wie ein Licht. Sie fühlen sich davon angezogen und gehen dorthin … Und Sie gelangen zu einem Platz, der in ein warmes und helles Licht getaucht ist. Dort entdecken Sie vielleicht ein Gebäude, das einem Tempel ähnelt, vielleicht Bäume, oder eine Grotte, was auch immer Ihnen zusagt … Und Sie spüren, dass Sie jetzt verweilen und Ihr Gepäck ablegen möchten … Und Sie legen ihr Gepäck an den Rand des hellen Platzes … Sie halten Ausschau nach einer Möglichkeit, sich hinzusetzen, sich auszuruhen … Und Sie finden auch etwas Passendes. Sie lassen dieses helle Licht auf sich wirken und spüren, wie Ihnen ganz warm wird und Sie sich wohl fühlen, sich leicht fühlen … Auf einmal bemerken Sie, dass ein freundliches, helles Wesen auf Sie zukommt, Sie freundlich anlächelt und Ihnen ein Geschenk gibt … Und Sie werden mit etwas beschenkt, das Sie für Ihr Problem, das Sie im Moment haben, brauchen können, das Ihnen Hilfe gibt … Vielleicht ist es ein symbolisches Geschenk, das Sie im Moment noch gar nicht verstehen … Wenn Sie möchten, bedanken Sie sich … Und so nach und nach beschließen Sie, dass Sie wieder zu Ihrem Gepäck gehen möchten, Sie diesen Platz verlassen möchten. Sie können jederzeit zu diesem Ort zurückkehren. Gehen Sie dann zu ihrem Gepäck und überlegen Sie sich, was Sie von Ihrem Gepäck jetzt auf Ihrem weiteren Weg noch mitnehmen möchten, was Sie noch brauchen. Aber vielleicht möchten Sie auch alles wieder so aufnehmen … Und dann setzen Sie mit dem Gepäck, das Sie jetzt noch brauchen, Ihre Wanderung fort … Kehren Sie dann mit der Aufmerksamkeit zurück in den Raum« (Reddemann, 2001, S. 50).

Bei Frau O., vollzeitberufstätige alleinerziehende Mutter eines achtjährigen Sohnes, die in einer Wohn- und Unterstützungsgemeinschaft mit ihrer erkrankten Mutter lebt, zeigte ihr Körper an, dass Anforderungen und Bewältigung nicht mehr in Balance waren – sie wurde krank. Da sie die Erkrankung als Signal verstand, etwas zu ändern, kam sie in Beratung. Nach der Übung *Gepäck ablegen* berichtete sie Folgendes: Sie habe ein schweres Wandergepäck gehabt, und als sie es sortieren wollte, wären es nur Steine gewesen. Sie frage sich selbst, warum sie so viele Steine mit sich rumschleppt. Auch hatte sie das starke Gefühl, es wären nicht mal nur ihre eigenen, sie hätte welche von ihrem Kind, ihrer Mutter, sogar von ihrer Chefin, vielleicht auch noch von anderen. Das müsse sie dringend mal genauer erforschen. Die freundliche Gestalt, die zu ihr gekommen war, wäre ihr Vater gewesen und er hätte ihr ein leeres Heft in die Hand gedrückt. Frau O. erinnerte sich daran, dass ihr Vater früher (er war vor fast 20 Jahren verstorben) immer Tagebuch geschrieben hatte, jeden Abend eine halbe Stunde, und keiner durfte ihn dabei stören. Vielleicht wäre das auch ein Weg für sie, sich diese halbe Stunde am Abend für sich zu nehmen und in Ruhe über sich und ihr Leben nachzudenken?

4.3 Besondere Aspekte spezifischer Situationen

Beratung getrennter Eltern

Konflikthafte Elternbeziehungen nach Trennung gehören zu den großen Belastungsfaktoren alleinerziehender Eltern, die Unterstützung der getrennten Eltern daher zu einer wichtigen Intervention. Konflikthafte Elternbeziehungen können entstehen, wenn es einem oder beiden Elternteilen noch nicht gut gelungen ist, die Verletzungen aus der Partnerschaft oder Trennung zu verarbeiten. Die elterliche Kooperation kann, ist sie durch negative Gefühle wie Ärger, Schuld, Enttäuschung stark belastet, erschwert bis unmöglich sein, was schlimmstenfalls zu einer Unterminierung der Erziehungsautorität, Sabotieren von Besuchszeiten und/oder zur Koalition eines Elternteils mit den Kindern gegen den anderen Elternteil führen kann (Zemp, S. 313). Alleinerziehende Eltern können von diesen Themen vielfältig betroffen sein:
- Sie haben mit dem anderen Elternteil noch keine gemeinsame Basis gefunden, keine hilfreichen Kommunikations- und Konfliktstrategien etabliert. Unterschiedliche Einstellungen, Machtspiele, verletzte Gefühle und Missverständnisse führen immer wieder zu Kommunikations- und Kooperationsabbruch. Sie erleben den anderen Elternteil als zu wenig unterstützend, kooperativ und aktiv. Der andere Elternteil hat sich zurückgezogen oder überlässt einem selbst die wichtigen Verantwortungsbereiche wie Bildung, Alltagsversorgung und Gesundheit.
- Sie können oder möchten das Ausmaß an Mitbestimmung und Mitgestaltung, dass der andere Elternteil wünscht oder einfordert, nicht zulassen oder ermöglichen. Gestärkt durch die ver-

änderte Rechtslage bemühen sich zum Beispiel viele engagierte Väter um eine gemeinsame Betreuung und Erziehung, und um eine hälftige Aufteilung der Betreuungszeiten. Dies ist in einigen Fällen vom anderen Elternteil nicht erwünscht. Zu den Gründen können persönliche Verletztheit, Misstrauen gegenüber den elterlichen Kompetenzen des Anderen, finanzielle Einbußen, die sich dadurch ergäben, aber auch ein wahrgenommener oder geäußerter Wunsch des Kindes gehören.

Ziel einer gemeinsamen Elternberatung ist es, dass Eltern lernen, sich über die Trennung hinaus als Verantwortungsgemeinschaft für ihre Kinder zu verstehen und zu erleben (Holdt u. Schönherr, 2015, S. 116). Dazu braucht es eine Bereitschaft zur Veränderung und Kooperation beider Eltern, die häufig erst in vielen kleinen Schritten, in Einzelarbeit und gemeinsamen Gesprächen entwickelt werden muss (Holdt u. Schönherr, 2015, S. 68). Hilfreich sind dabei u. a. ein klar abgesteckter Gesprächsrahmen, Lösungsorientierung, ein Wechsel zwischen empathischen Verstehen und fokussierter Gesprächssteuerung und das Einbringen der Perspektive der Kinder. (Holdt u. Schönherr, 2015, S. 64 ff.). Für getrennte Eltern in Konfliktsituationen kann es irritierend und hilfreich zugleich sein, wenn Berater:innen den Fokus weniger auf den Streit und die Verletzungen, sondern auf Momente gelungener gemeinsamer Elternschaft und gemeinsame Ziele (z. B. Wohlergehen der Kinder) lenken und auch danach fragen, wie die Eltern es bisher geschafft haben, in verschiedenen Situationen schon Kompromisse zu finden.

Rollen und Positionen im Familiensystem sichtbar machen

Es gibt eine Reihe von Methoden, um Rollen und Positionen von Menschen in einem sozialen Gefüge sichtbar zu machen. Gern setze ich dafür das Familienbrett (Ludewig, Pflieger, Wilken, u. Jakobskötter, 1983, S. 235 ff.) oder Tierfiguren ein. Über Position,

Blickrichtung und Merkmale der Figuren kann man zum Beispiel die Stellung des anderen Elternteils (oder dessen Partner), eigener neuer Partner:innen, der eigenen Person oder der Kinder im System verdeutlichen. Dabei zeigt das Bildhafte oft viel klarer, was Sprache versucht, zu benennen. Impulse zur Veränderung können symbolhaft und spielerisch umgesetzt und dabei auch verschiedene Varianten ausprobiert werden. Bei dem in Abbildung 9 aufgestellten Familiensystem gibt es einen (Elterntrennungs-)Graben zwischen den Familienteilen, über den die Kinder (die beiden kleinen, hellen Holzfiguren auf der linken Seite des Bretts) müssen, wenn sie ihren Vater (helle, große Holzfigur auf der rechten Seite) auf der anderen Seite besuchen wollen. Keiner der Eltern schaut zu, ob sie es schaffen, denn sowohl Mutter (links oben) als auch Vater blicken auf seine neue Freundin (dunklere Figur rechts), nur die Großeltern (Figurenpaar ganz links) haben die Kinder von Weitem im Blick.

Abbildung 9: Familienbrett Familie S. Quelle: eigene

Erziehung – Reflexion des Verhaltens; Videogestützte Beratung

Durch Verhaltensbeobachtungen oder das gemeinsame Anschauen von Videoaufnahmen von Eltern-Kind-Interaktionen in der Beratung kann Eltern eine Unterstützung bei der Reflexion ihres eigenen Erziehungsverhaltens angeboten werden. Dabei werden gezielt kleine Eltern-Kind-Clips aus Alltags- oder Spielsituationen im häuslichen Umfeld oder im Beratungskontext aufgenommen.

In Beratungsgesprächen werden die von den Berater:innen vorher gesichteten Videos gemeinsam genau angeschaut. Es wird hier nach der Marte-Meo-Methode gearbeitet, die durchgängig am positiven Entwicklungsgeschehen orientiert ist. Der Fokus nicht auf die als schwierig erlebten Situationen gerichtet, sondern gezielt auf gelungenen Situationen und Interaktionen. Neben der resourcenorientierten Perspektive sucht die vor allem nach alltagstauglichen und praktikablen beraterischen Empfehlungen (Hawellek, 2012, S. 45).

Fallbeispiel: Herr S. möchte es besser machen als sein Vater

Herr S. fand es schwierig, dass sein dreijähriger Sohn Tim, der bei ihm lebte, sehr stark weinte und schrie, wenn er als Vater mal Nein sagte und eine Grenze setzte. Herr S. hielt sich selbst für einen sehr großzügigen und liebevollen Elternteil, der seinem Kind viel ermöglichen wollte. Daher verstand er gar nicht, was sein Sohn so aus der Fassung brachte. Er wurde gebeten, zu Hause einige Videosequenzen aufzunehmen., in denen er Grenzen setze. Herr S. brachte zum nächsten Termin fünf Videosequenzen mit. In drei von den fünf Situationen hatte Tim das vom Vater als problematische erlebte Verhalten gezeigt. Nun boten sich zweierlei Möglichkeiten der Weiterarbeit an:

- Entweder zu schauen, was in den Situationen passierte, in denen Tim wie erwartet reagierte, dies zu reflektieren und nach Veränderungsmöglichkeiten zu suchen
- oder genau darauf zu achten was in den Situationen anders lief, in denen Tim nicht anfing zu schreien, um daraus Ansätze für einen anderen Umgang miteinander zu finden.

Durch das Anschauen der Videosequenzen, in denen Tim heftig reagierte, zeigte sich, dass Herr S. anfangs sehr liebevoll, freundlich und nett bat, wenn er wollte, dass Tim etwas tat oder unterließ. Nach dem vierten oder fünften Mal jedoch schien die Stimmung zu kippen. Die nächste Ansage von Herrn S. kam dann sehr laut und harsch, was Tim zu erschrecken schien, so dass er heftig zu weinen begann. Herr S. waren seine heftigen Reaktionen peinlich. Er beschrieb, wie er immer versuche, freundlich und ruhig zu bleiben, aber irgendwann müsse doch auch mal Schluss sein. Die beiden anderen Sequenzen verliefen anders. Herr S. schien ein wenig im Zeitdruck zu sein, formulierte in dieser Stimmung aber klar und bestimmt, was er wollte. Tim schien damit besser umgehen zu können. Herr S. gefiel sich selbst in diesen Szenen allerdings auch nicht so sehr. Sein Ton erinnere ihn an den *Befehlston* seines Vaters, den er als Kind gehasst habe. Sei Vater sei oft aggressiv gewesen und hätte auch mal geschlagen – so wollte Herr S. nie werden. Allerdings schien dieser etwas strengere Ton seinen Sohn nicht so sehr zu verunsichern, was Herrn S. erstaunte. Zukünftig wolle er versuchen, eine Zwischenvariante zu finden, einen freundlichen, aber bestimmten Ton mit klar formulierten Bitten und Forderungen.

Multikulturelle Beratung

Will man Menschen mit unterschiedlichem kulturellem Background beraten, braucht es interkulturelle Sensibilität und die eigene emotionale Kompetenz, die Wirklichkeitskonstruktionen von Menschen mit anderen kulturellen Werten zu berücksichtigen (Eberding, 2020, S. 32). Dabei ist es hilfreich, neben psychologischen auch kultur- und migrationsspezifische Hypothesen mitzudenken (Seiser, 2006, S. 248). Menschen leben, auch wenn sie ihr Herkunftsland verlassen haben, im Spannungsfeld der verinnerlichten Werte und Normen der Kultur der eigenen Herkunft und des Landes, in dem sie aktuell wohnen. Eingewanderte Familien mit ihren manchmal traditionellen Wertvorstellungen geraten dabei in Konflikt mit dem Wertesystem des Aufnahmelandes (Seiser, 2006, S. 249). Manchmal haben Eltern auch durch den Migrationsprozess den sprichwörtlichen festen Boden unter den Füßen verloren, es fällt ihnen schwer, ihre Vorstellungen im Kontext der Realität in der Fremde angemessen umzusetzen (v. Schlippe, El Hachimi u. Jürgens, 2013, S. 130).

Auch noch in zweiter Generation zeigt sich ein komplexes Ausbalancieren zwischen den Normen der Herkunftskultur und der Kultur der neuen Heimat. Die Migration bleibt als Familienprojekt soziales Erbe und damit etwas, dass in jeder Generation wieder neu bewertet und ausgehandelt werden muss (Gerner, 2013, S. 98). Eine Trennung oder Scheidung und ein daraus resultierendes Leben als alleinerziehender Elternteil ist als Umsetzung des eigenen Lebensentwurfes häufig mit kultureller und sozialer Grenzüberschreitung verbunden (Gerner, 2014, S. 107).

Ähnlich komplex können diese Zusammenhänge in bikulturellen Familien werden, denn auch hier prallen möglicherweise sehr unterschiedliche Normen und Bewertungen von Erziehung und Familie aufeinander, die ausgehandelt werden müssen (v. Schlippe, El Hachimi u. Jürgens, 2013, S. 169). Bei einer Trennung spielen dann unterschiedliche Bewertungen und Optionen von gelebter Elternschaft getrennter Eltern auch vor dem Hintergrund der Herkunftskultur eine Rolle. Dies kann Spannungen verstärken und Einigun-

gen erschweren. Berät man alleinerziehende Eltern, die oder deren getrennte Partner:innen aus anderen Kulturkreisen stammen, so sind verschiedene kultur- und migrationsspezifische Fragen mitzudenken, zum Beispiel:
- Wird Scheidung als ein normales Phänomen akzeptiert oder eher als Seltenheit, ein Bruch mit den Konventionen, der zu Stigmatisierung führen kann?
- Was bedeutet Trennung und das Alleinerziehend-Sein vor dem Hintergrund der Migration? Wirkt es sich auf den Migrationsstatus aus? Sind negative Konsequenzen, Sanktionen o. Ä. zu erwarten?
- Welche Bedeutung hat das Leben in einer fremden Kultur nach einer Trennung? Welchen Einfluss hat die anwesende oder abwesende Familie?
- Wie werden alleinerziehende Eltern in der Herkunftskultur bewertet? Bekommen sie Anerkennung, Mitgefühl, Unterstützung oder wertet man sie eher ab, grenzt sie aus?
- Gibt es das Konzept von gemeinsamer Elternschaft nach Trennung oder werden Kinder und Sorgerecht eher einem Elternteil zugesprochen?
- Sind nach den Vorstellungen der Kultur bzw. der Gesellschaft eher die Mütter oder die Väter und deren Familien für die Versorgung und Betreuung der Kinder nach einer Trennung verantwortlich?
- Welche Rollen sind für die jeweiligen Familienmitglieder vorgesehen und wie flexibel ist deren Ausgestaltung, wenn Eltern allein mit ihren Kindern leben?
- Welche Kräfte und Ressourcen oder Glaubenssätze können aus der anderen Kultur auch in der neuen Situation hilfreich sein?

Fallbeispiel: Herr A. und die neue Familiensituation

Herr A. lebt seit einem Jahr mit seiner 15-jährigen Tochter Sarina und seinem siebenjährigen Sohn Mahmoud allein. Die Familie kommt aus Syrien, die Mutter war aber nicht mitgekommen. Fragen zu den Gründen dafür weicht Herr A. aus, er glaube fest daran, dass sie bald nachkommen werde. Die Familie kommt auf Anraten des Jugendamts in die Beratung. Sarina hatte in der Schule einer Lehrerin anvertraut, dass es ihr nicht gut ginge, vor allem, weil sie zu Hause den gesamten Haushalt führen müsse und kaum Zeit für Hausaufgaben und Freunde habe. Daraufhin hatte die Lehrerin Herrn A. an das Jugendamt verwiesen. Das Jugendamt stellte Herrn A. eine Haushaltunterstützung an die Seite, die ihn beim Hineinwachsen in eine selbstständige Haushaltsführung unterstützen sollte, so dass Sarina entlastet werden würde. Zusätzlich sollte die Familie in der Beratung unterstützt werden, miteinander Probleme des Alltags zu klären. Im Beratungsgespräch stellt sich allerdings heraus, dass Herrn A.s Ansinnen ein anderes ist: er suche jemanden, der seine Tochter unterstütze, denn bei ihnen zu Hause (in seinem kulturellen Background) würden Kinder, besonders Mädchen, nicht mit ihren Vätern über Probleme reden, dies sei Aufgabe der Frauen. Da die Mutter nicht da sei und er diese Funktion nicht übernehmen könne, wünscht er sich eine erwachsene weibliche Bezugsperson für Sarina. Auch wird klar, dass er die Haushaltunterstützung vom Jugendamt vor allem als Entlastung für seine Tochter sieht, bis seine Frau nachkommen würde und nicht als eine Unterstützung für sich selbst, um in eine neue Rolle hineinzuwachsen. Im Gespräch mit Sarina zeigt sich Ähnliches: Sie hat eine Menge Sorgen, wünscht sich, ihr Vater würde sich anders verhalten. Ein gemeinsames Familiengespräch zur Klärung einiger Themen lehnt aber auch sie ab. Sie ist überzeugt, dass ihr Vater sie nie verstehen oder ihre Wünsche akzeptieren würde, da man als Kind generell nicht mit Vätern über die Art, wie die Familie geführt werden solle, diskutieren würde. Herr A.s Anpassung an die neue Familiensituation besteht also weniger im Hineinwachsen in eine Rolle als alleinerziehender Vater, in der er sowohl väterliche als auch mütterliche Aufgaben übernehmen würde (da dies anscheinend nicht mit seinen Konventionen vereinbar ist), als im Finden von Personen im Außen, die die Funktionen erfüllen, die sonst die Mutter erfüllt. Als nach einer Weile klar wird, dass die Mutter nicht nachkommen wird, fragt Herr A., ob ich ihm helfen könne, eine neue Frau zu finden. Auch Sarina kann sich, bezogen auf das Familiengefüge, nicht von den Normen ihrer Herkunftskultur freimachen, hat aber, so wird später im Gespräch klar, schon Normen der Gesellschaft, in der sie jetzt lebt, im Blick. So fragt sie zum Beispiel, ab welchem Alter man in Deutschland volljährig sei und eigene Entscheidungen treffen könne.

4.4 Transformation hemmender und belastender Glaubenssätze und Familienregeln

Familienregeln und innere Glaubenssätze bestimmen und steuern unsere Gefühle, unser Handeln und unsere Entscheidungen. Sie werden oft über Generationen weitergegeben. Meist dienten sie dazu, das Ansehen und das Überleben eines Familienmitgliedes oder der Familie zu sichern. Eltern geben nonverbal und verbal weiter, wie man sich als Junge/Mädchen, Mann/Frau, Kind der Familie X., Mitglied der Kirchgemeinde Y. etc. zu verhalten hat, was zu fühlen oder von den eigenen Gefühlen nach außen zu kommunizieren ist, worüber man reden darf, ob man um etwas bitten darf usw. Tatsächlich steckt in jeder Familienregel, in jedem Glaubenssatz, eine gute Absicht. Manchmal passen sie aber in ihrer Ausprägung nicht mehr zum aktuellen Lebenskontext, behindern und engen ein, rufen Schuldgefühle hervor, wo es Kraft für Veränderung und Alltagsbewältigung bräuchte. Für alleinerziehende Elternteile ist es oft sehr wichtig, alles zu schaffen. Sie wollen vielleicht, dass alles genauso gut läuft, wie es in ihrer Vorstellung bei Paarfamilien läuft, keine Angriffsfläche bieten für Vorurteile, dem Ex-Partner gegenüber keine Schwäche zeigen, dem Kind Vater und Mutter gleichzeitig sein.

Innere Glaubenssätze und Familienregeln, die bei Alleinerziehenden oft zu entdecken sind, sind:

- Ich darf keine Schwäche zeigen!
- Erziehung ist Frauensache! Ein Kind gehört zur Mutter!
- Erst wenn alle Arbeit erledigt ist, darf man sich ausruhen!
- Der Klügere gibt nach!
- Man wirft seine Ehe nicht einfach weg, vor allem nicht, wenn man Kinder hat. Nur in einer heilen Familie wachsen Kinder glücklich heran!
- Eine Frau, die ihre kleinen Kinder nicht selbst versorgt, ist eine Rabenmutter.
- Ein Mann muss den Alltag stemmen, ohne zu klagen!
- Wenn mich jemand um Hilfe bittet, muss ich helfen! Ich kann und darf nicht Nein sagen!
- Ich muss immer perfekt sein!
- Ich darf nicht egoistisch sein!
- Ich muss immer etwas zurückgeben, wenn ich etwas bekommen habe!

Die Auseinandersetzung mit inneren Glaubenssätzen kann alleinerziehenden Eltern helfen, innere Hemmnisse bei der Anpassung an die neue Lebenssituation oder der Annahme von Unterstützung zu überwinden, aber auch, sich vor eigener Überlastung zu schützen oder belastende Schuldgefühle abzubauen.

Fallbeispiel: Frau K. bettelt nicht, sie bittet um Hilfe

Frau K. lebt allein mit ihrem Sohn John in einer Wohnsiedlung am Rande einer kleinen Stadt. Sie fühlt sich sehr belastet, da sie sich um die Betreuung von John fast völlig allein kümmern muss. Nur selten holt der Vater John für ein Wochenende ab. Bei der Beleuchtung des Wohnumfeldes fällt auf, dass es viele andere Mütter gibt, mit denen Frau K. mal ein Schwätzchen hält oder einen Kaffee trinkt. Auf die Frage, ob sie sich auch gegenseitig bei der Kinderbetreuung helfen, schüttelt Frau K. den Kopf. Keiner hätte sie bisher gefragt, ob sie Hilfe bräuchte. Auf die Frage, ob sie selbst auf die anderen zugeht und sie um Hilfe bittet, antwortet Frau K. plötzlich sehr unwirsch: »Wir betteln nicht!«. Dabei reckt sie ihr Kinn stolz in die Luft. Dieser Satz irritierte mich, denn niemand hatte von betteln gesprochen. »Wir betteln nicht« schien ein innerer Glaubenssatz mit großer Kraft zu sein, der Frau K völlig unvermittelt über die Lippen kommt. Ich spiegele meine Irritation, frage, ob sie Lust hätte, sich damit zu beschäftigen. Frau K. stimmt zu. In einer Sitzung, in der wir uns mit ihrer Familienbiografie beschäftigen, stellte sich heraus, dass die Familie von Frau K.s Großmutter im 2. Weltkrieg aus Ostpreußen geflohen war. Sie hatten dort Landbesitz und eine hohe soziale Stellung gehabt. Angekommen in Norddeutschland wurden sie angefeindet und ausgegrenzt und besaßen nichts mehr außer ihrem Leben. Um sich ihre Würde zu wahren und ihren Selbstwert zu erhalten arbeiteten sie hart und klaglos und baten nie um Hilfe. Es allein zu schaffen und nicht diejenigen um Hilfe zu bitten, die einen nicht wollten und auf einen herabschauten, war das Überlebensmotto der Familie. Es wurde als »Wir betteln nicht!« an alle nachfolgenden Familienmitglieder weitergegeben.

In einer systemischen Beratung können solche Familienregeln und inneren Glaubensätze bewusstgemacht, auf ihre Stimmigkeit für die aktuelle Situation überprüft und modifiziert werden. Sie werden dann eher zu bewusst gewählten Handlungsoptionen. Das schafft Erleichterung. Als Methode eignet sich die Regeltransformation nach Virginia Satir. Satir beschrieb die Macht solcher inneren Regeln und entwickelte ein Regeltransformationsverfahren, das auf gedanklicher, visueller, emotionaler und körperlicher Ebene wirksam werden kann. Dabei wird die Familienregel nicht negiert oder abgelehnt, sondern in ihrer Bedeutung wertgeschätzt und dann in eine Freiheit ermöglichende Form transformiert; sie wird zur Leitlinie (2000, S. 329).

Die belastende und hemmende Familienregel wird auf eine Karte geschrieben in einer Formulierung von:
ich muss immer …

Nun erfolgt eine Modifizierung in:
ich kann …

Was dann an Bedingungen geknüpft wird, so dass eine Wahlfreiheit entsteht:
ich kann, besonders wenn …

oder:
ich kann manchmal …

Die Karten mit den verschiedenen Modifikationen werden auf dem Fußboden ausgelegt. Der Klient stellt sich nun nacheinander auf die Karten, (beginnenden mit der alten Familienregel), nimmt die dazu gehörenden Gefühle wahr und eine dazu passende Körperhaltung ein. Nun bewegt er sich Karte für Karte voran, bis er auf ihrer neuen Familienregel steht. Manchmal hilft es, sich vorzustellen, die alte Familienregel wie eine alte Haut langsam abzustreifen. Die Gefühle und die Körperhaltung der neuen Familienregel sollen bewusst aufgenommen werden. Wenn es sich anbietet, kann der Klient in dieser Haltung fotografiert werden, die Haltung und das Gefühl kann mit einem Bild, mit einem Lied oder einem anderen Symbol verbunden werden. Abbildung 8 zeigt den Prozess der Regeltransformation in der Bewegung.

Abbildung 8: Regeltransformation – Quelle: eigene

Frau K. modifizierte ihre Familienregel so: Ich bettele nicht, aber ich kann Menschen um Hilfe bitten, wenn ich diese mag und ihnen vertraue. Die Herausforderung war hier, eine Unterscheidung zwischen Betteln und Bitten zu finden. Dazu wurde vorab besprochen, dass »Ich bettele nicht« bedeutet, »Ich muss alles allein schaffen.« Eine stringente Transformation würde einen Satz im Sinne von »Ich kann alles allein schaffen, wenn ...« ergeben. Diese Variante gefiel Frau K. allerdings nicht, da sie nicht enthielt, was sie machen könne, wenn sie es nicht allein schaffen wolle oder könne. So entstand die Variante, die ein »Ich kann um Hilfe bitten« enthielt.

Am Ende

5 Fazit

96 Es ist gut und wichtig, dass es Beratungs- und Unterstützungsangebote für (alleinerziehende) Eltern in Übergangsphasen und schwierigen Familiensituationen gibt, wenn Familiengefüge sich umstellen, Verluste betrauert und neue Lebensmodelle gefunden werden müssen und Ressourcen (wie z. B. soziale Unterstützung) häufig erst einmal knapp sind. Eltern müssen die Situation akzeptieren lernen, mit den sozialen, mentalen, materiellen und strukturellen Folgen einen Umgang finden und Berater:innen werden Lots:innen und Übergangshelfer:innen, bis ein neues inneres oder äußeres Gleichgewicht wieder gefunden wird. Oft bleiben Berater:innen auch im Nachhinein innerlich für die Eltern präsent, mit einem Satz, einem Perspektivwechsel, als Option auf Unterstützung, falls sich neue Themen auftun und mit der Erfahrung, dass Veränderung möglich ist.

Frau M. (die Mutter der Zwillinge aus dem Fallbeispiel auf S. 62) nahm 11 Einzeltermine wahr, sie profitierte vor allem von der Selbstwertstärkung, die ihr beim Hineinwachsen in die Rolle der alleinerziehenden Mutter in eigenem Haushalt half. Die Beratung füllte für sie auch eine Lücke im sozialen Netzwerk, bis Frau M. in der Kita und in einem Familienzentrum andere Eltern kennenlernte, mit denen sie sich über Kinder und Alltag austauschen konnte. Nach drei Jahren gab es dann einen zweiten Beratungsprozess, in dem es intensiver um den Kontakt mit dem Vater der Kinder ging.

Der gesellschaftliche Wandel führt zu einer Veränderung der familiären Rollenbilder hin zu einer mehr partnerschaftlicher Aufgabenverteilung bei der Betreuung der Kinder in Partnerschaften, aber auch nach einer Trennung. Es entsteht mehr Pluralität bezogen auf Familienformen und Lebensweisen. Dies lässt darauf hoffen, dass sich schon für die nachfolgende Generation einige hier besprochene Themen etwas leichter lösen lassen, dass beispielsweise das gemeinsame Erziehen und Betreuen nach einer Trennung selbstverständlicher wird und Eltern noch mehr versuchen, gemeinsam zu gestalten, statt gegeneinander zu kämpfen. Kinder, die heute eine Elterntrennung erlebt haben und bei alleinerziehenden Eltern, in gemeinsamer Betreuung getrennter Eltern oder in anderen Familienkonstellationen jenseits der Paarfamilie groß werden, werden sicherlich, wenn sie dann selbst erwachsen sind, diesen Familienkonstellationen mit mehr Selbstverständlichkeit und Akzeptanz begegnen. Denn längerfristig brauchen alleinerziehende Eltern vor allem eine gesellschaftliche Akzeptanz für ihre an sich normale Familienform, nicht als eine spezielle Gruppe, die mit defizitorientiertem Blick betrachtet wird und besonderer Aufmerksamkeit und Unterstützung bedarf. Untersuchungen und Studien, die auf die schwierige Situation Alleinerziehender aufmerksam machen, sind aktuell sinnvoll und wünschenswert, um Entscheidungsträger zu sensibilisieren und politische Veränderungen zu beschleunigen. Eine insgesamt bessere Förderung von Kindern und Familien, ein stärkerer Druck auf die Arbeitswelt, Arbeit flexibler, familienorientierter und gendergerechter zu gestalten, eine Flexibilisierung auch bei den Betreuungsangeboten hilft allen Eltern, ob alleinerziehend, in Paar- oder Patchworkfamilie oder im Co-Parenting-Modell, ohne sie zu stigmatisieren.

6 Literatur

Amiel, I. (2021). »Bring das Dorf in die Klinik!« – »Neue Autorität« als Hilfe für Eltern. In: Klein, Ch., Furman, B. (Hrsg.). Die Kraft des Miteinander. Innovative Methoden der Netzwerk- und Gemeinschaftsarbeit in Familien, Therapie, Schule und Beratung. Heidelberg: Carl Auer Systeme, S. 59–81.

Balloff, R. (2004): Kinder vor dem Familiengericht. München: Reinhardt.

Bertelsmann-Stiftung. Ländermonitor Frühkindliche Bildungssysteme. FOKUS: Regionale Daten: Personal und Einrichtungen: Bildung fördern – Qualität sichern: Öffnungszeiten (2021). https://www.laendermonitor.de/de/vergleich-bundeslaender-daten/personal-und-einrichtungen/kita-strukturen/oeffnungszeiten-von-kitas-1?tx_itaohyperion_pluginview%5Baction%5D=chart&tx_itaohyperion_pluginview%5Bcontroller%5D=PluginView&cHash=4bee723adca880f2bab40fb1b2c5b7e4 (Zugriff 08.09.2021).

Bundesministerium für Familie, Senioren, Frauen und Jugend (BMFSFJ). (2011). Lebenswelten und Wirklichkeiten von Alleinerziehenden. Berlin.https://www.bmfsfj.de/bmfsfj/service/publikationen/lebenswelten-und-wirklichkeiten-von-alleinerziehenden-73566 (Zugriff 16.04.21).

Bundesministerium für Familie, Senioren, Frauen und Jugend (BMFSFJ). (2012). Alleinerziehende in Deutschland. Lebenssituationen und Lebenswirklichkeiten von Müttern und Kindern. Berlin. https://www.bmfsfj.de/bmfsfj/service/publikationen/72642!search?state=H4sIAAAAAAAAAD-WNuw7CMBAEf8W62iBo3fEQFUUKJGoTL8TKcRZnBwRR_h0HiXJmpdmRgi84aLqTk4HZ_viU_nT1LUomN06WulhyA238DeT-WK0uPAfomR0dcIPkFXhSIGSSYc9SeY9v1iLN6JjEbZkSBfiI6SIAszRb-KUchSTlpqZ742AbmtasjYV9wlyUV9lLpfPWdMX4 l32iyyAAAA&newSearch=true&query=Alleinerziehende+in+Deutschland.+Lebenssituationen+und+Lebenswirklichkeiten+von+M%C3%BCttern+und+Kindern (Zugriff 17.04.21).

Bundesministerium für Familie, Senioren, Frauen und Jugend (BMFSFJ) (2021). Neunter Familienbericht. Eltern sein in Deutschland. https://www.bmfsfj.de/bmfsfj/service/publikationen/neunter-familienbericht-eltern-sein-in-deutschland--179394 (Zugriff 12.05.21).

Eberding, A. (2020): Neue Autorität in multikulturellen Erziehungskontexten. Göttingen: Vandenhoek & Ruprecht.

FiF e. V. (2019): Meine Kinder, deine Kinder. Handbuch für Frauen, Espenau-Mönchenhof: Fif e. V., Druck: Bräning & Rudert OHG.

Gerner, S. (2014): Migration, Trennung und Transformation. Familiärer Wandel im Kontext von Migration und Scheidung. In Geisen, T, Studer, T. und Yildiz, E. (Hrsg.) (2014) Migration, Familie und Gesellschaft. Wiesbaden: Springer, S. 91–111.

Glockentöger, I. (2020): Mutter, Spender, Kind – Emazipationspotentiale von Solo-Mutterschaft in Familie und Gesellschaft. In Buschmeyer, A. und Zerle-Elsäßer, C. (Hrsg) (2020) Komplexe Familienverhältnisse. Münster: Verlag Westphälisches Dampfboot, S. 127–158.

Goldbrunner, H. (o. J.). Trauer Alleinerziehender und ihrer Kinder nach dem Tod des Partners. In Staatsinstitut für Frühpädagogik (IFP) (Hrsg.): Online-Familienhandbuch. https://www.familienhandbuch.de/familieleben/schwierige-zeiten/tod-trauer/traueralleinerziehenderundihrerkindernach.php (Zugriff 20.09.2021).

Grossmann, K., Grossmann K. E. (2014): Trennung, Tod und Trauer in den ersten Lebensjahren: Die bindungstheoretische Sicht. In Kissgen, R. (Hrsg.): Trennung, Tod und Trauer in den ersten Lebensjahren. Begleitung und Beratung von Kindern und Eltern. Stuttgart: Klett-Cotta (S. 36–51).

Haagen, M. (2019). »Geht denn das noch zu verarbeiten?« Familienorientierte Psychotherapie mit Angehörigen von Sterbenskranken und Trauernden. Psychotherapie im Dialog 20 (1), S. 55–60.

Hawellek, Ch., (2012): Entwicklungsperspektiven öffnen. Grundlagen beobachtungsgeleiteter Beratung nach der Marte-Meo.Methode. Göttingen: Vandenhoek & Ruprecht.

Holdt, S., Schönherr, M. (2019): Lösungsorintierte Beratung mit getrennten Eltern. Ein Praxishandbuch. Stuttgart: Klett Cotta.

IWD Informationsdienst der Deutschen Wirtschaft (2020). Kitaplätze: Anspruch und Wirklichkeit. https://www.iwd.de/artikel/kitaplaetze-anspruch-und-wirklichkeit-486545/ (Zugriff 3.6.2021).

Kuhnert, T. (2017): Leben in Hartz IV – Armut und Menschenwürde. Göttingen: Vandenhoeck & Ruprecht.

Limmer, R. (2004): Beratung von Alleinerziehenden. Grundlagen, Interventionen und Beratungspraxis, Weinheim und München: Juventus.

Ludewig, K., Pflieger, K., Wilken, U., Jakobskötter, G. (1983). Entwicklung eines Verfahrens zur Darstellung von Familienbeziehungen: Das Familienbrett. In Familiendynamik 8, S. 235–251.

Mücke, K. (2003): Probleme sind Lösungen. Potsdam: ÖkoSysteme.

Nemetschek, P. (2006): Systemische Familientherapie mit Kindern, Jugendlichen und Eltern. Stuttgart: Klett-Cotta.

Reddemann, L. (2001): Imagination als heilsame Kraft. Zur Behandlung von Traumafolgen mit ressourcenorientierten Verfahren. Stuttgart: Klett Cotta.

Rattay, P., v.d. Lippe, E., Borgmann, L., Lampert, Th.(2017): Gesundheit von alleinerziehenden Müttern und Vätern in Deutschland, Journal of Health Monitoring (2017) 2 (4), Robert-Koch-Institut, S. 24.

Satir, V. (2000): Das Satir-Modell. Paderborn: Junfermann.

Seiser, K. (2006): »Das ist bei türkischen Familien so …«. In Menne, K. & Hundsalz, A. (Hrsg.): Jahrbuch für Erziehungsberatung Band 6. Weinheim und München: Juventa, S. 241–256.

Schleiffer, R. (1988): Elternverluste. Eine explorative Datenanalyse zur Klinik und Familiendynamik. Berlin: Springer.

Schnerring, A., Verlau, S. (2020). Equal Care. Über Fürsorge und Gesellschaft. Deutschland: Verbrecher Verlag.

Schlippe, A. v., Schweitzer, J. (2013). Lehrbuch der systemischen Therapie und Beratung. Göttingen: Vandenhoeck & Ruprecht.

Schlippe, A.v. (2021). Haltung und therapeutische Beziehung. In: Strauß, B., Galliker, M., Linden, M., Schweitzer, J. (Hrsg.), Ideengeschichte der Psychotherapie. Theorien, Konzepte, Methoden (S. 315–321). Stuttgart: Kohlhammer.

Schlippe, A. v., Schweizer. J. (2019). Gewusst wie, gewusst warum. Die Logik systemischer Interventionen. Göttingen: Vandenhoeck & Ruprecht.

Schlippe, A. v., El Hachimi, M., Jürgens, G. (2013). Multikulturelle systemische Praxis. Heidelberg: Carl-Auer Systeme.

Schwing, R., Fryszer, A. (2018) Systemisches Handwerk. Werkzeuge für die Praxis. Göttingen: Vanderhoeck & Ruprecht.

Statistisches Bundesamt Destatis (2018). Alleinerziehende in Deutschland 2017. Begleitmaterial zur Pressekonferenz am 02.08.2018 https://www.destatis.de/DE/Presse/Pressekonferenzen/2018/Alleinerziehende/pressebroschuere-alleinerziehende.pdf?__blob=publicationFile (Zugriff 08.05.2021).

Statistisches Bundesamt Destatis (2020). Familie, Lebensformen und Kinder. Auszug aus dem Datenreport 2020. https://www.destatis.de/DE/Service/Statistik-Campus/Datenreport/Downloads/datenreport-2021-kap-2.pdf?__blob=publicationFile (Zugriff 08.05.2021).

Stavrova, O., Fetchenhauer, D. (2014). Single Parents Unhappy Parents? Parenthood, Partnership and the Cultural Normative Context. In Journal of Cross- Cultur- Psychology 46 (1). https://www.researchgate.net/publication/265125068_Single_Parents_Unhappy_Parents_Parenthood_Partnership_and_the_Cultural_Normative_Context (Zugriff am 18.05.2021).

Strobach, S. (2013). Scheidungskindern helfen. Übungen und Materialien. Weinheim und Basel: Beltz Juventa.

Verein Alleinerziehender Mütter und Väter VMAV Nordrhein Westphalen e. V. (2018). Alleinerziehend – Situation und Bedarfe. https://vamv-live-1a5003a80f6644c3855ee16bd7019-03bb958.divio-media.com/filer_public/37/35/3735f340-4142-4ea1-af6e-32d88ab445bb/vamv_alleinerziehende-situationen_und_bedarfe_einzelseiten_web.pdf (Zugriff am 17.05.2021).

Vogelsang, Laura Marie (2020). Co-Parenting als Familienform. Eine Auseinandersetzung mit der aktuellen Forschungslandschaft. In Buschmeyer, A. und Zerle-Elsäßer, C. (Hrsg) (2020) Komplexe Familienverhältnisse. Münster: Verlag Westphälisches Dampfboot, S. 48–62.

Weber, M. (2012). Beteiligung und Schutz von Kindern bei der Beratung hoch strittiger Eltern. In Weber, M. & Schilling, H. (Hrsg.) (2012) Eskalierte Elternkonflikte. Weinheim und Basel: Beltz Juventa, S. 93–102.

Weiß, A., Funke, S. (2018). KiT – Kinder in Trennungsprozessen*. Ein familientherapeutisches Praxismanual für Gruppen- und Einzelangebote. Dortmund: Verlag modernes Lernen.

WirEltern. Für Mütter und Väter in der Schweiz. Wo es Alleinerziehenden gut geht. Monatsgespräch/Olga Stavrova. https://www.wireltern.ch/artikel/0316-wo-es-alleinerziehenden-gut-geht (Zugriff am 17.05.2021).

Zemp, M. Die elterliche Paarbeziehung als Erziehungsdeterminante. Die Rolle von Paarkonflikten, Trennung und Stiefelternschaft. In Familiendynamik 44 (4), S. 310–319.

7 Hilfreiche Links

Zum Abschluss ein paar hilfreiche Links, die Informationen und Perspektiven für Alleinerziehende bieten. Das Internet ist ein großer Schatz, es macht es einfacher, sich zu vernetzen und auszutauschen, sich Infos und Unterstützung zu organisieren. Gibt man Alleinerziehende in den Browser ein, findet man, gleich nach zahlreichen Dating-Portalen, auch viele regionale Beratungs- und Unterstützungsangebote. Einige seien hier genannt:

SHIA e. V.: Selbsthilfeinitiative Alleinerziehende e. V.
https://www.shia.de/

Verband Alleinerziehender Mütter und Väter Bundesverband e. V.
https://www.vamv.de/vamv-startseite

Caritas-Online-Ratgeber
https://www.caritas.de/hilfeundberatung/ratgeber/familie/alleinerziehende/tipps

Partnersuche für Alleinerziehende und Familienorientierte
https://www.moms-dads-kids.de

8 Die Autorin

Ich wurde im Januar 1973 in Magdeburg geboren. Da ich selbst in Kindertagen die Trennung meiner Eltern erlebte, war ich bis zu meinem vollendeten 18. Lebensjahr bereits »Expertin« für Trennung und Scheidung, alleinerziehende Eltern und die Herausforderungen und Chancen von Patchworkfamilien, ohne dass mir bis dahin in den Sinn gekommen wäre, mich damit auch beruflich damit zu beschäftigen. Erst später, nach dem durch die Wiedervereinigung so viele neue Themen zu uns hereinströmten und sich ganz andere berufliche Möglichkeiten eröffneten, wuchs mein Interesse für soziale Beziehungen und Psychologie. Ich begann Klinische und Pädagogische Psychologie an der Universität Leipzig zu studieren, wurde noch während des Studiums selbst Mutter und dann auch alleinerziehend. So startete ich nach Abschluss meines Studiums in meine berufliche Kariere und begegnete selbst allen genannten strukturellen Schwierigkeiten, denen sich alleinerziehenden Eltern stellen müssen. Ich stieg sofort nach Studienabschluss ins Berufsleben in einer Eltern-Kind-Kurklinik ein (und tingelte nicht erst einmal durch die Welt wie viele meiner Kommiliton:innen, da ich ja ein Kind zu versorgen hatte). Ich wählte aus mehreren Optionen die Arbeitsstelle, bei der die Arbeitszeiten am besten zu den Kita-Öffnungszeiten passten und reduzierte schnell meine Vollzeit-Stelle auf 32 Stunden, als ich merkte, dass ich permanent erschöpft war. Im Sommer 2002 begann ich meine Ausbildung zur Systemischen Therapeutin und Familientherapeutin. Für die Wahrnehmung der Ausbildungsblöcke waren Vater, Mutter, Vater des Kindes (der 700 km weit weg wohnte) bis hin zu Freundin A. und Freundin B. – jede infrage kommende Person meines sozialen Netzwerkes – reihum einmal für die Betreuung meiner Tochter zuständig. Das war jedes Mal eine Riesenherausforderung. Im Jahr 2005 übernahm ich dann die Leitung einer Familien- und Erziehungsberatungsstelle im Landkreis Leipziger Land und absolvierte im Jahr 2011 eine Mediationsausbildung. In all diesen Jahren hatte ich mit Eltern zu tun, glücklichen und unglücklichen, allein und gemeinsam erziehenden, verliebten und getrennten, verstrittenen und gut kooperierenden und allem dazwischen. Auch wenn meine private Situation längst nicht mehr die einer alleinerziehenden Mutter ist, so ist doch das Thema Eltern und Familie, alleinerziehende Eltern und Elternberatung nach Trennung zu einem großen Teil meines beruflichen Alltags geworden. Dabei schlägt mein Herz systemisch. Die Anerkennung der Lebensgeschichte jedes einzelnen Menschen und seiner Versuche, sein oder ihr Leben zu meistern, die Suche nach den Stärken, dem Funken der inneren Kraft und den Fähigkeiten, die Vermittlung von Zuversicht und das gemeinsame Finden von Visionen und Lösungen sind das, was mir und meinen Klient:innen in der Beratungsarbeit Kraft gibt. Die Verbreitung der dem systemischen Arbeiten zugrundeliegenden Wertehaltungen ist mir dabei wichtiger als interessante Methoden, obwohl ich auch sehr gern mit Symbolen und Metaphern hantiere. Seit 2008 arbeite ich neben der Beratungsstellentätigkeit auch in eigener freier systemischer Beratungspraxis und bin als Dozentin im Bereich Systemische Beratungsmethoden tätig.